在传统与现代之间

中华法律文化转型的地方视角

里赟 等著

四川大学出版社
SICHUAN UNIVERSITY PRESS

项目策划：王　冰
责任编辑：王　冰
责任校对：毛张琳
封面设计：青于蓝
责任印制：王　炜

图书在版编目（CIP）数据

在传统与现代之间 ：中华法律文化转型的地方视角 / 里赞等著. — 成都 ：四川大学出版社， 2021.12
ISBN 978-7-5690-5201-5

Ⅰ. ①在… Ⅱ. ①里… Ⅲ. ①法制史一文化史一研究一四川 Ⅳ. ①D927.710.2

中国版本图书馆 CIP 数据核字（2021）第 237030 号

书名　在传统与现代之间：中华法律文化转型的地方视角
ZAI CHUANTONG YU XIANDAI ZHIJIAN:
ZHONGHUA FALÜ WENHUA ZHUANXING DE DIFANG SHIJIAO

著　　者	里　赞　等
出　　版	四川大学出版社
地　　址	成都市一环路南一段 24 号（610065）
发　　行	四川大学出版社
书　　号	ISBN 978-7-5690-5201-5
印前制作	四川胜翔数码印务设计有限公司
印　　刷	四川盛图彩色印刷有限公司
成品尺寸	170mm×240mm
插　　页	1
印　　张	9.75
字　　数	179 千字
版　　次	2021 年 12 月第 1 版
印　　次	2021 年 12 月第 1 次印刷
定　　价	48.00 元

◆ 读者邮购本书，请与本社发行科联系。
电话：(028)85408408/(028)85401670/
(028)86408023　邮政编码：610065
◆ 本社图书如有印装质量问题，请寄回出版社调换。
◆ 网址：http://press.scu.edu.cn

四川大学出版社
微信公众号

目 录

第一章　历史中的法律：论历史法学的中国意义

第一节　历史法学的起源与兴盛

21世纪的法学教育和法学研究中，学科交叉融合已成趋势，出现了许多诸如法律和经济（law and economics）、法律和社会科学（law and social science）、法律和历史（law and history），乃至法律与人文（law and humanities）的研究，有美国学者将这种学科融合的研究趋势称为"'法律和（law and）'形象"[①]。在这些法学的交叉学科研究中，法律和历史的研究最为悠久。

历史法学的起源似乎很难追溯，孟德斯鸠在《论法的精神》一书中已经谈到了历史法学派的核心观点，他称"立法者不能改变习惯，而只能诱导人们去改变它，立法者有义务去遵守一个民族的习惯"[②]，所以我们应当"用法律阐明历史，用历史去阐明法律"[③]。但其作为一个法学学派，是在19世纪德国"历史主义"普遍盛行的背景下，[④]

---

① Austin Sarat, Law and the Humanities, Cambridge University Press, 2010, An Introduction, p1.

② 孟德斯鸠：《论法的精神》（上册），张雁深译，商务印书馆，1961年版，第37页。

③ 孟德斯鸠：《论法的精神》（上册），张雁深译，商务印书馆，1961年版，第53页。

④ 彭刚：《克罗齐与历史主义》，载《史学理论研究》，1999年第3期。有学者考证，施莱格尔1797年在有关语言学的笔记中最早使用Historismus（历史主义）一词，参见格奥尔格·伊格尔斯：《历史主义的由来及其含义》，王晴佳译，《史学理论研究》，1998年第1期。

伴随着对传统自然法理论的批判，才得以以历史法学派（Historische Rechtsschule）之名逐渐形成的。

历史法学理论体系的先驱是维柯，他认为人们对于他所在的民族的制度和法律的记忆是通过一代代人自然而然地流传下来的，正是因为有了这些法律和制度，一个民族的人们才被联系在一起，才能构成一个民族。胡果（Gustav Hugo）则为历史法学的发展指明了道路。他认为法学包括三个部分：一是法教义学，它解决“法是什么”这一问题；二是法哲学，它回答“这样的法律是否合理”这一问题；三是法律史学，它回答“法律如何形成”之问题。[①] 他著有七卷本的《民法学史》。他认识到，一个民族的法律，只有通过民族生活本身才能被理解，因为法律本身也是那个生活的一个部分和表现，所以他宣称“自然法则必然要让位给历史法则”。[②] 胡果的学生艾希霍恩则首先走上胡果所指出的历史法学道路。1808 年，27 岁的他出版了《德意志法律与制度的历史》第一卷，在序言中他说，“现在正当帝国宪法发生剧烈转变的时期，我们应当回顾过去并抓住过去与现代的关系，这比以前更具有重大的意义”[③]，他追述各个不同时代的法律观念和制度之间的联系，并揭示它们演变的规律。1831 年他出版了《天主教与德国新教会法原理》，“以超过历史学家所具有的更深湛的法律知识和超过法学家所能自诩的更广泛的宗教史知识写成”[④]。

萨维尼无疑是历史法学派的核心人物，并使历史法学在 19 世纪达到影响力的顶峰。在萨维尼看来，法律的唯一渊源应当是习惯，所以历史法学视野中，法律的发展依赖于本国人民生活的变化和立法者对人民法律意识的体认。法律有双重性，即人民社会意识的政治性和

① Gustav Hugo，Lehrbuch eines civilistischen Cursus，Bd. 1，转引自《法律方法》（第十卷），山东人民出版社，2010 年版，第 48 页。

② 乔治·皮博迪·古奇：《十九世纪历史学与历史学家》，耿淡如译，商务印书馆，1998 年版，第 130 页。

③ 乔治·皮博迪·古奇：《十九世纪历史学与历史学家》，耿淡如译，商务印书馆，1998 年版，第 132 页。

④ 乔治·皮博迪·古奇：《十九世纪历史学与历史学家》，耿淡如译，商务印书馆，1998 年版，第 134 页。

反映为法律行为的技术性。[①] 他认为，“法律随着民族的成长而成长，随着民族的壮大而壮大，最后随着民族对于其民族性的丧失而消亡”，“民族的共同意识乃是法律的特定居所”，“法律完全是由沉潜于内、默无言声而孜孜矻矻的伟力，而非法律制定者的专断意志所孕就的”。[②] 于是，萨维尼发明了一个浪漫的术语“民族精神（Volkgeist）”来描述法律的本质。

在19世纪，历史法学派基本上代表了法学思想发展的主流。正是在他们的不懈努力之下，历史方法成为19世纪中期欧洲法学史研究的主要方法。在约翰·麦克唐奈尔爵士（John Macdonell）于1913年编纂的《历世伟大法学家》一书中，萨维尼就被称作“欧洲所养育的最伟大的法学家”。

萨维尼的直接影响随着19世纪20年代的学人相继去世而大致在1890年左右终止，其间典型的学者如温特赛德（B. Windscheid），曾在30年代受教于萨维尼。如果考虑到其他受过其讲座影响的学者，1900年之后，“历史法学派（Historical School of Law）”的直接影响也逐渐消失。此后，虽然萨维尼的学说常常被提及，但已很少被研究了。他的许多核心概念仍然存在于德国法学界，但他的一些立论基础已被淡忘。萨维尼的影响成为“不被认知的遗产”（unrecognized legacy）。[③]

第二节 历史法学的传播与影响

萨维尼推动历史法学走向巅峰，他所做的研究工作十分庞杂，诸如《财产法》《中世纪罗马法历史》《现代罗马法体系》《债权法》等等，既有罗马法的史学考据，也有民法的法学论证。这些各个领域的

---

① Ervin H Pollack, Jurisprudence, Principles and Applications, Ohio State University Press, 1979, p348.

② 弗里德里希·卡尔·冯·萨维尼：《论立法与法学的当代使命》，许章润译，中国法制出版社，2001年版，第9—11页。

③ Joachim Ruckert, The Unrecognized Legacy: Savigny's Influence on German Jurisprudence after 1900, The American Journal of Comparative Law, Vol. 37, No. 1, Winter, 1989, pp. 121—137.

成果固然彰显了萨维尼自身研究的才能和热情，却也给历史法学蒙上了一层繁杂深奥的面纱。尤其是萨维尼对罗马法的研究，在某种意义上冲击到历史法学派的基本理论，一些学者认为既然民族精神才是历史法学的核心观念，那么就应当加强对日耳曼法的研究而非罗马法的研究，这种理念的分歧导致萨维尼死后的历史法学派因对日耳曼法和罗马法研究的态度不同而分成两派。当然，两派对于法律的民族历史性没有分歧，其分歧只是在寻求法律源头和历史的时候，是否承认外来的文明可以最终成为民族历史的一部分。

就在萨维尼去世之时，英国梅因的《古代法》出版。和萨维尼一样，梅因也强调民族传统的连续性，但他仍然肯定自然法概念在法律发展中的作用，“如果自然法没有成为古代世界中一种普遍的信念，这就很难说思想的历史，因此也就是人类的历史，究竟会朝哪一个方向发展了”[①]。在他看来，自然法理论虽然不强调过去的历史而偏重未来的理想，但据自然法推论出的许多内容，如人人平等的观念，对许多国家的法律发展都产生了积极影响。所以相较于萨维尼，梅因为人所熟知的，是他通过对法律文明史的比较研究，得出的法律发展的趋势性的“简要”结论。另一位英国历史法学派人物梅特兰（Frederic William Maitland）则强调，“历史蕴含着比较”，法律在借鉴“异己模式”（alien patterns）的过程中维持着“惯性”（inertia）发展。[②] 所以，英国历史法学相较于德国历史法学，在注重发掘自我民族的法律传统的同时，更注重采取比较的方法来概括或描述法律的发展史。

萨维尼的代表作《法哲学与当代立法使命》在 1830 年由格努克斯（Guenoux）翻译，在法国巴黎出版；1831 年由海沃德（Abraham Hayward）翻译，在伦敦出版[③]；紧接着大量英译的萨维尼著作面世，对美国的罗马法研究和私法研究产生了重要的影响。19

---

① 梅因：《古代法》，沈景一译，商务印书馆，1959 年版，第 43 页。

② Maitland, Why the History of English Law is not Written, see Christopher Berry Gray, the Philosophy of Law, an Encyclopedia, Garland Publishing, 1999, 372

③ Friedrich von Savigny, On the Vocation of Our Age for Legislation and Jurisprudence, Hayward, trans., 1831.

世纪美国的许多私法和罗马法著作都受到了历史法学的影响。如欧文（David Irving）的《民法概论》（*Introduction to the Study of the Civil Law*），库欣（Cushing）的《罗马法概论》（*An Introduction to the Study of Roman Law*）等。

萨维尼的学说在19世纪中后期在美国法学思想界的影响日益扩大，到19世纪末20世纪初期时存在着可称为美国历史法学派的法学家群体，萨维尼作为现代法律科学的典范受到崇敬。[①] 如果回到19世纪德国文化与英美文化紧密关联的历史背景中，德国在音乐、文学等诸多方面产生了如歌德、贝多芬等对英美文化有着巨大影响的人物，那么在法律哲学方面出现萨维尼而影响到英美法学，其实并不令人意外。[②] 19世纪末，格伦（Glenn）在解释罗马法和民法理论在英美法系流行的原因时，将其归因于德国的历史法学派和英国梅因的影响力。他称："一个国家法律学说和法律程序所呈现状，取决于其中的我们人民本身，而非外界的书写者。"[③]

受萨维尼开启的概念法学思想的影响，菲尔德（David Dudley Field）曾主持草拟了《纽约菲尔德民法典》，意图用萨维尼弟子开创的潘德克顿式大陆法系立法体例为作为普通法的美国创立民法典范，但在美国历史法学代表人物卡特（Jame Coolidge Carter）的强烈反对下最终未能成功施行。[④] 卡特发表了《法律的理想和现实》《法律：起源、成长和功能》等著述，主张习惯才是法律的渊源，[⑤] 而且在对待法典化的问题上，出于普通法的立场，卡特比萨维尼的反对更加坚

---

① Beale, The Development of Jurisprudence During the Past Century, 18 Harv. L. Rev. 271, 283, 1905.

② Michael H. Hoeflich, Savigny and His Anglo-American Disciples, The American Journal of Comparative Law, Vol. 37, No. 1 (Winter, 1989), pp. 17-37.

③ Glenn, The Practical Uses of Roman Law, 11 Ga. Bar Assoc. J. 98, 1894. pp. 101-102.

④ 徐国栋：《菲尔德及其〈纽约民法典草案〉——一个半世纪后再论法典编纂之是非》，《河北法学》，2007年第1、2期。

⑤ Carter, the Ideal and the Actual in the Law, 24 Am. L. Rev. 752, 1890; Carter, Law: Its Origin, Growth, and Function, New York: G. P. Putnam's sons, 1907.

决，萨维尼的主张是"暂缓"制订法典，而卡特则是坚决反对普通法系的法典化。[①] 萨维尼对于罗马法的研究促进了美国学者了解民法体系化的系列问题，但当有人试图编纂美国民法典时，却又有学者以萨维尼的理论予以反驳。于是，萨维尼的思想传至美国出现了一个很有趣的现象：卡特用萨维尼民族精神的历史法学否决了菲尔德意图移植的源于萨维尼及其弟子潘德克顿学说的概念法学。[②] 有人用"既显著又模糊"概括历史法学对于美国的影响，显著的是法学界无人否认历史法学的存在和意义，至少从庞德（Roscoe Pound）开始，美国法学界对法律展开历史分析都得益于萨维尼的影响，但这种影响却是间接和微妙（subtle）的，而且常常与普遍历史决定论（General Historicism）、进化论（Evolutionary theories）和法律科学概念（Notions of Legal science）的影响混合在一起。[③]

历史法学在美国的再一次兴起是赫斯特（J. Willard Hurst）所进行的法律史由内至外的研究转向。美国著名法律史学家戈登在他1975年发表的颇有影响的史学史文章中打了一个"法律盒子"的比方来形容美国法律史研究的传统，即盒内是法律，盒外是非法律的政治、经济、宗教和其他社会领域。长期以来，美国法律史领域的主流是内史而不是外史，直到1970年左右赫斯特自20世纪40年代以来所做的不懈努力才突破了这一传统，将法律史的研究由"就法律而言法律"的历史分析扩展到从政治、经济、文化等社会各个角度来审视法律的发展历史。[④]

有学者称赫斯特的著作"无趣、重复和冗长（dull，repetitive，and too wordy）"，甚至称全世界只有200人仔细地读过他的《法律与经济发展》一书。赫斯特的著作"无趣"是因为赫斯特不太用历史

---

① Mathias ReimannSource, The Historical School against Codification: Savigny, Carter, and the Defeat of the New York Civil Code, The American Journal of Comparative Law, Vol. 37, No. 1(Winter, 1989), pp. 95－119.

② See ReimannSource.

③ See ReimannSource.

④ 韩铁：《美国法律史研究领域的"赫斯特革命"》，《史学月刊》，2003年第8期。

上的“大事件”（exciting events）来阐明他的观点。[①] 所以有人称他的研究不只是美国法律史，而应当被视作历史社会学。[②] 在赫斯特看来，美国法律是美国人民的生活经验，“我们相信法律的存在是为了服务人民，而非人民服务法律”，“我们制宪者和历代治国经验都告诉我们，对法律应当坚持这样一种工具论的态度”，“法律的正当性就在于能够服务于我们的生活”。[③] 所以，在他看来，他对法律史的论述不能脱离世间和空间成为绝对的普适论断，他对法律与社会的历史研究结论是美国式的，也只能存在于美国，“法律由人制定，或者至少产生于人类的社会生活经验，所以法律常常带有特定（人类社会）的标志”。[④] 这种观点与历史法学如出一辙，也正是如此，赫斯特虽然宣称自己仅仅是一个历史学家，却被视为顶尖的美国法理学家之一。[⑤]

第三节 历史法学的学术贡献

19 世纪是历史法学活跃的时代，但在 20 世纪初期之后，该学派逐渐式微。叶士朋认为历史法学的兴起在法学研究方面引起了四个后果，即反法条主义观念的盛行；确立了法的习惯和学说要素的价值，强调法学家的作用；将法的历史及其理论作用视作过去的揭示者并予以重新估价；影响到法学的研究方法，促进了概念法学的大发展。[⑥] 概而言之，历史法学的最大功绩就是打破了一个普适性的自然法标

---

① Russell E. Broocs, the Jurisprudence of Willard Hurst, 18 J. Legal Educ. 257 1965—1966.

② William J. Novak, Law, Capitalism, and the Liberal State: The Historical Sociology of James Willard Hurst, 18 Law & Hist. Rev. 97 2000.

③ J. Willard Hurst, Justice Holmes on Legal History. New York: Macmillan Co. p44.

④ J. Willard Hurst, Justice Holmes on Legal History. New York: Macmillan Co. p4.

⑤ See Russell E. Broocs.

⑥ 叶士朋：《欧洲法学史导论》，吕平义、苏健译，中国政法大学出版社，1998 年版，第 191—196 页。

准，给予了各民族国家的法律实现自主性的可能。当理性划一的时代终结，历史法学的这一任务也就结束了。在美国法学界，虽然历史法学仍是目前公认的主要法理学源流之一，但其理论体系几乎已全部融入法律社会学或法律文化的研究，发轫于历史法学的习惯法研究、法律民族志研究、法律多元等内容促进了法律社会学的发展，历史法学关注的很多问题至今仍然是法学研究的热点，只是已经没有人认为这些研究属于历史法学的范畴。

历史法学的理论基础是主张法律的历史性和民族性，因此其持论立场带有明显的保守性，这种保守性常被责问。正如德国政治家、律师克什曼（Julius von Kirchmann）指出的，“历史法学作为法学研究对法律实践没有任何的参考价值。它有三大特点：提升研究者自我满足的幻觉、对法律实践的陌生和对遥远的法律渊源的偏好”[①]。

抱残守缺是历史法学派面临的主要责难。[②] 但是事实上，历史法学派并不是绝对意义上的守旧主义者。萨维尼追寻德国法律传统，却花费大量的时间考据研究罗马法，是因为在萨维尼看来，面对罗马文明，日耳曼人无法抵抗而被其折服和同化，此后罗马文化在日耳曼民族的发展过程中一直占据着主导地位，日耳曼民族中的这些罗马法因素在日后的历史发展过程中发挥了极其重要的作用。[③] 萨维尼本身并不否认法律传统的变化性，他在《近代罗马法体系》中认为，历史法学不是要“让现在从属于过去”或者要让“德意志从属于罗马法”，而只是坚持现在与过去之间有着“活生生的联系”，只有通过研究过去才能理解现在的真正性质。“法律的任何部分，都不是一成不变的。”[④] 历史法学也认可自然法的重要性，如梅因肯定自然法在法律

---

① 转引自陈兵、蔡迪：《论德国历史法学派》，《兰州学刊》，2010年第3期。

② E. 博登海默：《法理学：法律哲学与法律方法》，邓正来译，中国政法大学出版社，1999年版，第90页。

③ Friedrich Karl von Savigny, The History of the Roman Law During the Middle Ages. University Microfilms International, 1977, p. 278. 转引自徐玉姣：《历史法学派与历史主义思潮》，山东大学硕士学位论文，2012年，第26页。

④ 乔治·皮博迪·古奇：《十九世纪历史学与历史学家》，耿淡如译，商务印书馆，1998年版，第141页。

发展中的作用，“如果自然法没有成为古代世界中一种普遍的信念，这就很难说思想的历史，因此也就是人类的历史，究竟会朝哪一个方向发展了”[①]，他承认，自然法理论虽然不强调过去的历史而偏重未来的理想，但据自然法推论出的许多内容，如人人平等的观念，对许多国家法律的发展都产生了积极影响。基尔克也引用康德的话评价自然法“公正若陨落，尘世生活的意义将丧失殆尽”[②]。卡特虽然也将法律看做习惯的反映，却提倡法律变革性成长。[③] 正如谢鸿飞指出的，历史法学派的这种民族精神或民族风格（Volkstil）本身并不排斥时代风格（Zeitstil），因为民族精神也是随着社会的发展而发展的，就像法律也并非一成不变一样，它也必须在当下的生活中获得新的意义和形式。因此，历史法学派要发掘的并不仅仅是存在于历史中的法律，也包括法律在当下生活中的新形式。只是这些新的法律都是沿着过去的法律进化来的，而不是横空出世，完全断裂的。[④]

历史法学也常被批评重视习惯法而藐视立法。有学者认为，“从目前看来”，萨维尼过分看重习惯法的作用，至少从当时埃及、日本和土耳其的法律移植情况看来，他“高估了法律移植对本土习惯法产生不利影响的危险性”。[⑤] 随着社会的发展，立法权从司法机关逐渐转移到立法机关是一个大的趋势，而萨维尼和卡特等历史法学派受制于自身原理，藐视立法，没有适应时代的变化。所以具有讽刺意味的是，以卡特巨额遗产设置的哈佛法学院教席，首位学者就是现代立法理论的拥护者罗斯科·庞德。[⑥] 这种批评夸大了历史法学对于法典化

① 梅因：《古代法》，沈景一译，商务印书馆，1959年版，第43页。

② 转引自谢鸿飞：《历史法学的思想内核及其中国复兴》，《中国法律评论》，2015年第2期。

③ Ervin H Pollack, Jurisprudence, Principles and Applications, Ohio State University Press, 1979, p367.

④ 谢鸿飞：《萨维尼的历史主义与反历史主义——从历史法学派形成机理角度的考察》，收入《清华法学·第3辑》，清华大学出版社，2003年版。

⑤ F. P. Walton, the Historical School of Jurisprudence and Transplantations of Law, 9 J. Comp. Legis. & Int'l L. 3d ser. 183 1927.

⑥ Cohen, American Thought 150 - 151, 1954, see Mathias ReimannSource, cite124.

的否定。在萨维尼时代的欧洲，受到理性主义的洗礼，充斥着进步盲目性（a blind rage for improvement），缺乏对过去的关怀，因此萨维尼才强调民族独特性对本国法律的决定意义。萨维尼并不绝对排斥法典，只是他认为德意志统一的民族精神尚未形成，法学家如发现这一民族精神必须具有历史素养系统眼光。① 历史法学认为法律不是简单的立法者的意志，而是一国人民共同意志的体现，而各国的习惯各异，所以不应当有全世界划一的法律。就这个意义而言，历史法学反对的是在缺乏本国民族文化基础上进行盲目的法典化和简单的法律移植，而不是绝对地反对成文法或法典编纂。

第四节　历史法学的中国意义

早在20世纪初，日本法学著作《法律学纲领》被译入中国时，历史法学派就以“沿革派”之名被提到，“迨十八世纪本于哲学上之研究，有改良自然法之图矣，尚有一种沿革派，在十七八世纪相交之后，是起于推理派之旁也”。② 其后在民国各种《法学通论》教材或著作中对历史法学也多有提及。民国学者对历史法学的研究，或集中于对历史法学派的介绍，如朱显祯、郭宗项、张立楠等；③ 或将其视作法律社会学研究的内容和方法，如吴经熊、梅汝璈等。④

改革开放后，历史法学作为一个整体的法学流派再次回到法学界的视野。20世纪80年代，沈宗灵、张宏生、吕世伦等前辈学者开始

① 弗里德里希·冯·萨维尼：《论立法与法学的当代使命》，许章润译，中国法制出版社，2001年版，第37页。

② 李鼎楚：《历史法学在近代中国传播的“知识景象”——基于法政书刊的考察》，《政法论坛》，2017年第6期。

③ 郭宗项：《理想法学派与历史法学派平议》，《唤民》1931年创刊号，第140—141页；张丽楠：《历史法学派之研究》，《汉江学报》1933年创刊号，第92—108页；梅汝璈：《现代法学之趋势》，《新时代半月刊》，1931年第2卷第3—4期，第24—33页。

④ 吴经熊：《关于现今法学的几个观察》，《东方杂志》，第31卷第1期，第1—15页；吴经熊：《法律哲学研究》，上海法学编译社，1937年版，第136页；丁元普：《法学思潮之展望》，《法轨》，1934年第2期，第25页。

推介历史法学的基本思想。[①] 90年代的何勤华、徐爱国等进一步推介了历史法学派的相关内容。[②] 21世纪中国法学界开始了对历史法学比较集中的研究，[③] 以谢鸿飞、杨代雄为代表的中青年民法学者推进了历史法学研究的深化。[④] 尤其值得一提的是，许章润教授长期致力于历史法学的译介、研究和推广，还创办了《历史法学》集刊，[⑤] 汇集了一批港台与内地（大陆）的历史法学研究成果。历史法学已逐渐成为沟通法律与历史、法律的过去与现在及未来的重要学术桥梁。

历史法学在中国的复兴，一方面是源于现代化语境下，我们的眼光习惯向前看，只问去向何处，却不从来处求解。从而造成现代法律看似万能，却在应对人心惟危的问题上常常束手无策的现象，如同伯尔曼所说，"历史向度的丧失是现代法律危机的原因"，[⑥] 这种法律现代性的危机在某些程度上需要从历史传统中去寻求消解的方法。另一方面，中华民族本是极为重视历史的民族，中国人历来重视传统对当下的意义。正所谓"古之天犹今之天也，今之天即古之天也"[⑦]，所以"天地长久、风俗无恒"[⑧]。在长达千年的法律制度演进中，法律的民族传统延绵不断，直到清末变法开始的一个多世纪的转型时期，原有的法律制度被革除，民族精神不再是法律的题中应有之义，反而被视为法律近代化的桎梏。随着中国在国际竞争中的劣势逐渐消退，

---

① 沈宗灵：《略论历史法学派》，《法学研究》，1980年第3期；张宏生：《评历史法学的反动实质》，《国外法学》，1984年第5期；庞战秋：《历史法学派评略》，《政法丛刊》，1986第3期；薛伦倬：《德国历史法学派评价（1－3）》，《外国法学研究》，1986年第2－4期，吕世伦、吴兴怀：《历史法学的历史进程》，《法学家》，1988年第4－5期，等等。

② 徐爱国：《历史法学派简论》，《江苏社会科学》，1992年第6期；何勤华：《历史法学派述评》，《法制与社会发展》，1996年第2期。

③ 弗里德里希·卡尔·冯·萨维尼：《历史法学派的基本思想（1814—1840年）》，郑永流译，法律出版社，2009年版；弗里德里希·卡尔·冯·萨维尼：《论立法与法学的当代使命》，许章润译，中国法制出版社，2001年版；程琥：《历史法学》，法律出版社，2005年版。

④ 谢鸿飞：《法律与历史：体系化法史学与法律历史社会学》，北京大学出版社，2012年版；杨代雄：《萨维尼法学方法论讲义与格林笔记》，法律出版社，2014年版。

⑤ 许章润：《历史法学（第一卷）》，法律出版社，2008年版。

⑥ 转引自许章润《历史法学（第一卷）》，法律出版社，2008年版，第5—7页。

⑦ 刘知几：《史通》卷三《书志》，上海古籍出版社，2008年版，第43页。

⑧ 刘知几：《史通》第六《言语》，上海古籍出版社，2008年版，第110页。

本国的传统也逐渐被重新认知。如何走出一条中国式的法治道路，除了兼容并蓄外，中华民族的传统则成为这条道路上我们的法治区别于其他民族法治的唯一标识。

无论我们是否承认，对中国法律传统的认同，事实上就是一种对中国法律主体性历史维度的认同。基于此，如何在中国传统中发现我们的民族法理，进而为当下中国法律发展注入民族基因，应该成为当下中国复兴历史法学的共识。而这一共识的核心难题是在面临法律传统断裂的情况下，如何找寻或解释历史法学所称的中国法律的民族精神。中国法律的历史基因从来就不缺乏开明务实的传统。如同萨维尼将罗马法作为自己日耳曼民族法研究的内容一样，就中国目前的法律民族性而言，我们要以更加宏大的历史观看待中国法律传统的变与不变。不仅是中华法系延绵至今的传统文化需要认真对待，清末修律以来的欧日大陆法系、新中国成立后学习苏联的革命法统乃至改革开放后的英美法系及全球化的法律新特性都或多或少地成为中国法律传统的一部分。进而言之，法律的现存状态也应当是历史法学或法律史研究需要考虑到或者必然考虑到的内容，原因是任何的现存状态都不会与历史传统毫无联系。

这也是为什么无论是萨维尼、梅因还是其他历史法学家，几乎没有不研究当下具体法律问题或者关注具体法律问题的历史法学者。因为不联系具体法律制度的历史法学研究对于法学界而言难有说服力和影响力。中国法律历史语言的断裂使这样一种部门法律史的研究很容易陷入削足适履的状态，这也是大多数法律史学者反对将法律史视作法学的原因。虽然这样的方法论警惕是必要的，但若是为了警惕这种研究方法而拒绝和排斥所有涉及具体法律制度法内容的研究，则略显矫枉过正。考虑到现有历史法学或法律史学研究者的知识结构，大概没有能够完全脱离于法学理论的法律史学学者，换言之，除了极个别的早期法律史料的考证研究，称之为历史法学的研究或多或少都应该或者必然是现代法理与传统法律的结合。如果对法律史研究中的法学因素过度排斥，其结果是无法真正形成影响中国法律、法制和法理的中国历史法学。

重视传统与现实的勾连并不是要忽视历史学的基本方法，比如重视法律文献和史料的作用。赫斯特的美国法律史研究对资料收集也要求极严，赫斯特的一名学生的博士学位论文，就是以威斯康星州某一县法院的百年司法档案作为素材的，这部博士学位论文有一大半篇幅是大量司法数据的展示。如果重审历史法学的研究方法，可以发现史料研究是对一国法律民族特性进行研究的基础，如萨维尼对古罗马法的史料整理，梅因对早期英国法的史料的整理，“要理解梅因对法学的贡献，有一点必须认识到，他是在一种早期英国法资料十分奇缺的情况下开展研究工作”。[①] 近年来黄宗智的研究成果也表明，结合中层概念的史料使用，往往会对法学提供更具信服力的知识贡献。

历史法学的核心，还是关注历史与法律的关联。这种关联一方面表现在法律不只是一套自洽的单纯的内部概念体系，也是深植于历史发展的背景之中；另一方面，历史性强调了法律发展变迁中的传统因素，[②] 要从法律和历史相互的视角更好地找寻中国法律的民族精神。既要发现法律中的历史因素，尊重法律源于习惯历史传统，理解一国的法律离不开一国的传统文化和历史语境，看清中国法律来时之路；也要从历史中看到法律的变迁，探寻法律的发展进程，并注重法律与社会发展的相互关联，揭示中国法律发展的历史去向，进而在历史和法律之间寻求中国法学理论、法律体系和法治模式的民族道路。这应该就是历史法学之于当下中国的重要意义。

---

① Sir Henry Maine's Contribution to Jurisprudence，5 Law Coach 65 1924.

② Christopher Berry Gray，the Philosophy of Law，an Encyclopedia，Garland Publishing，1999，p371.

第二章　租佃关系的近代化：押租制下大佃纠纷的法律适用

第一节　问题的提出

所谓押租，通常指由佃农在承租土地时一次性向地主缴纳，并由地主于退佃时扣除佃农所欠地租等相关费用后予以退还的土地租佃押金，是地租的重要组成部分，也是民间地权交易的常见形态。民国时期押租习惯广泛存在于全国各地的租佃关系中，其中又以四川地区为甚。[①] 押租制在经济史领域研究成果颇丰，其中既包括押租制下民间地权交易的整体性研究[②]，也有针对押租制的专题性研究[③]，研究时间段涵盖清代以来的各个时期，属于近代经济史研究中的一个重要命题。而押租作为被法律明令禁止的民间习惯，其背后法学意涵学界尚少有关注。

---

① 时有统计称，四川地区的押租在全部租佃关系中占比96%，居全国首位。参见国民政府主计处统计局：《中国租佃制度之统计分析》，正中书局1942年版，第89—91页。

② 参见曹树基、刘诗古：《传统中国地权结构及其演变》，上海交通大学出版社，2014年版；曹树基：《传统中国乡村地权变动的一般理论》，《学术月刊》，2012年第12期，第117—125页。

③ 参见魏金玉：《清代押租制度新探》，《中国经济史研究》，1993年第3期，第18—22页；刘克祥：《近代四川的押租制与地租剥削》，《中国经济史研究》，2005年第1期，第18—29页；李德英：《民国时期成都平原的押租与押扣——兼与刘克祥先生商榷》，《近代史研究》，2007年第1期，第95—115页；李德英：《从成都平原租佃纠纷个案论押租制的双重意义》，《历史档案》，2005年第1期，第97—102页；娄敏：《信用、风险与土地市场：民国时期押租制度再研究——以江津县债务类司法档案为核心》，《史林》，2018年第2期，第105—114页。

关于民间地权的法学研究，既有成果多集中于土地租赁、永佃制度以及典权等制度方面，而游离各典型权利之间的地权交易形态长期以来少有关注。其原因在于，民国民事习惯的研究中，同时期的法律规定、民法理论和立法目的等往往不只作为事实而存在，更是研究的理论框架和分析方法。如近代法史研究的重要史料《民商事习惯调查报告录》，将民间纷繁芜杂的习惯被归置于体系化的民法体例当中，虽常作为佐证民间习惯的一手史料被使用，实则是经德日民法理论和民法体系转述后形成的汇编。黄宗智较早利用档案等一手史料进行法律史研究并提出“表达与实践”的观点，但其论述的逻辑依然为用国家法律“表达”分割并解读民间“实践”。早期地权研究的经济学者也常以“所有权”“用益物权”“使用权”等近代法学概念解读传统地权习惯。[①] 基于法律史学的学科特点，这种方法在研究中具有不可或缺、无法替代的地位，但其弊端在于以体系化的民法制度分析民间传统习惯，难免导致民间习惯中各个典型权利形态背后的整体脉络被割裂。

民国川省押租习惯长期被法律明令禁止，其背后涉及的民事关系、功能和效果也不在法律规定之列，却在纠纷中产生法律适用的必要，为我们透视民间习惯与民国法律的互动提供了有利样本。本章以民国川省大佃纠纷为例，以押租制下川省地权交易的基本样貌入手，反思民法制度制定与适用过程中的困境。可以发现，国家层面押租禁止法律规定无法实行，不仅涉及单一法律条文在基层司法中“表达”与“实践”的差异，而且涉及押租制下地权交易秩序与民国民法制度设计和理论逻辑的差异。

① 杨国桢：《明清土地契约文书研究》，中国人民大学出版社，2009年版。

第二节　司法院解释例下基层司法与国家法律的互动

一般认为，民国法律对于押租长期持明令禁止态度[①]，但相关法律条文实际产生的影响却极为有限[②]。尽管国家法律和民间习惯对于押租金的态度呈现出截然不同的态度，但二者的矛盾并未在基层司法实践当中显现出来。通过对押租纠纷基层司法档案的分析，不难发现法律向基层传播断层、民间自发的多元纠纷解决机制等因素的存在，使得相关案件中实体法律对基层关系的构建与纠纷的解决影响甚小，而诸如乡规俗例、民间习惯以及“息讼”“人情”等朴素观念对基层民事关系的调整则起到实质作用。[③] 这种民间广泛存在的“法外”权利形态不仅在基层司法实践中未被彻底禁止，还被司法院援引入既有民法框架内进行法律适用，并通过解释例的方式上升至国家“法律表达”。

与基层司法实践的灵活态度不同，当各地高等法院将疑难案件上报至司法院时，司法院多次试图将其纳入民法制度框架内进行解释。需要说明的是，社会经济史的研究中，将“大押佃”定义为“佃户一次交缴若干银（或其他实物）与地主，地主以此生息作地租，不再另

① 押租禁止的规定始见于1927年《佃农保护法》，其第五条明确规定“凡押金及先缴租项全部或一部等恶例一概禁止”。1930年《土地法》中明确禁止农地租佃中收取押租，1936年第二次全国内政会议通过的《租佃暂行条例草案》第五条明确规定“押租金及类似押租之抵押品应严行禁止”。

② 1934年的国家经济统计年鉴显示，在当时押租仍作为租佃制度中的一项重要组成部分而“普遍各地”，以至于“凡物租通行区域，均有押租之踪迹”。参见实业部中国经济年鉴编纂委员会：《中国经济年鉴》，商务印书馆，1934年版；甚至押租禁止之规定，在四川地区“未之前闻”，不但法院不将其作为审理案件的依据，地方县政府还制定行政条例明确承认押租效力并予以规范。参见陈太先：《成都平原租佃制度之研究》，收入萧铮：《民国二十年代中国大陆土地问题资料62—64》，成文出版社（美国）资料中心，1977年版，第32530页。

③ 荣县档案中所见基层纠纷处理途径等内容参见王有粮、刘子璇：《民国川省押租习惯的制度化及其地方实践：以荣县档案为侧重》，《西南民族大学学报（人文社会科学版）》，2020年第9期，第198—204页。

外取地租，到佃户退田时将押金退还佃户”[①]，而用“大佃”“小佃”区别转租关系。关于相关概念的界定，民国司法文献中表述并不统一，且与当代经济史研究中所指的概念有所不同。本章所指“大佃”或称“大押佃”为民国时期司法文献中的常见表述，多指租佃关系中的“重押轻租”形态，用以应对租佃纠纷中押租与地租同时存在所导致的法律适用困难。

一、早期押租条款合法性的默许与法律效力的回避

虽然民初法律对土地租佃中的押租金明令禁止，但司法院相关解释例对其法律效力却态度暧昧，并未严格遵循押租条款无效之法律制度，而是对其持默许态度。1938 年院字第 1725 号解释例中说明既已收取的押租“毋庸退还”，但得以此抵充地租，规定欠租的时间从押租全部扣除抵充时起算。[②] 1938 年院字第 1811 号解释例越过押租条款有效性问题而针对土地押租的退还标准进行确认[③]，此举相当于对民间的押租习惯予以默认。司法院判断的依据在于将押租的功能限于地主对收取租佃租金的保障。在一般意义上的租佃契约当中，押租金作为地租保障的功能最为直观。[④] 在租约当中，双方一般约明“为租不清将稳扣除”[⑤]，遇到退押金额纠纷时，出佃人亦多以承佃人拖欠

① 李德英：《民国时期成都平原的押租与押扣——兼与刘克祥先生商榷》，《近代史研究》，2007 年第 1 期，第 98 页。

② 1938 年院字第 1725 号解释例：“（二）耕地租用依土地法第一百七十七条规定，不得收取押租，其出租人已收取押租者于有同法第一百八十条第七款情形终止契约时，自应于其已收取的押租抵充积欠地租外，尚达二年之总额，始得终止。（三）耕地之出租人，于土地施行法前已收取押租者，土地法施行法并无应行退还之规定。出租人自毋庸退还。但承租人随时得以之抵充耕地之租金。”郭卫：《司法院解释例全文》，上海法学编译社，1946 年版，第 1366 页。

③ 1938 年院字第 1811 号解释例：“以制钱或铜元交付之押租，至返还时折合银元，应以交付时之市价为准，纵另换佃约，如未将钱数折合银元，仍不得依换约时之市价计算。”郭卫：《司法院解释例全文》，上海法学编译社，1946 年版，第 1429 页。

④ 参见司法行政部：《民商事习惯调查报告录》，司法行政部，1930 年版，第 211 页；应廉耕：《四川省租佃制度》，中国农民银行四川省农村经济调查委员会，1941 年版，第 15 页。

⑤ 《四川省唐镜平、唐熊氏经凭在见佃到虞希仲名下置买地的佃约》，档案号：009－001－102，荣县档案馆藏。

地租作为抗辩理由①。1946年民国《土地法》恢复押租规定，也将其定义为“以现金为耕地租用之担保”②，押租保障地租、降低风险的功能业已成为当时自上而下的共识。在这一层面上，出佃人一端收取地租的权利与承佃人一端要求返还押租金的权利均可视为普通债权，故理论上当然可以通过债权抵销的方式予以清偿。

但是大佃的特殊性在于，押租并非只以地租保证金这一种原因出现，而是与土地呈现出双向担保的制约关系。依托押租金，佃户具有了“抗租踞庄”的物质基础③，甚至当押租涨至“田面价的全部”、地租为零时，押租习惯可实现与土地典卖“完全接轨”④。这一点也在民国时期的川省司法实践当中被特别关注，原作为保证金的押租常作为被担保财产而广泛存在于民间借贷当中，表面上的租佃关系实则“纯为金钱借贷之变相”⑤。在1947年新津县的一个租佃纠纷案中，由于高额押租的存在，为实现自身利益的最大化，两造对于事实的认定产生分歧。两造在诉状中分别将法律关系表述为租佃关系和典权关系，诉讼程序中对于民事行为认定的困难也贯穿了案件始终。此案中各司法文书对于案由的表述极不统一：起初司法文书中将案由表述为“交付压米”，庭审笔录将案由改为“解除租田”，而判决书中将案由表述为“返还当田”，至此，本案才被认定为典权纠纷，后期的司法文书都将本案案由统一为“返还典田”。即便如此，判决书中将“佃田”改为“当田”的涂改痕迹仍清晰可见，足见法官在本案中事实认定和法律适用过程中的犹豫。⑥另在荣县档案的一个案件中，王双和于1933年6月承买杨世平田土房屋一股，在其承买田产之前，该份

---

① 《余焕经诉辜北沅关于返还稳谷一案》，档案号：009－022－003，荣县档案馆藏。

② 《土地法》，郭卫校，会文堂新记书局，1947年版，第17页。

③ 李德英：《从成都平原租佃纠纷个案论押租制的双重意义》，《历史档案》，2005年第1期，第98页。

④ 曹树基：《传统中国乡村地权变动的一般理论》，《学术月刊》，2012年第12期，第123页。

⑤ 夏勤：《视察四川司法报告书》，司法部，1938年版，第26页。

⑥ 《民国三十六年杨丹五诉杨焕廷返还典田一案》，档案号：002－002－005，大邑县法院藏。

田产半股已由佃农朱实齐和李兴顺承佃耕种，但二人所承担的地租负担差距悬殊。其中朱实齐缴纳地租明显低于正常水平。地主王双和认为价格过低以致难以缴纳国税，长期的定期租佃妨害其“管业”。后经杨世平之妻朱王氏证明，原地主杨世平借钱五百钏难以偿还，便将田土房屋半股“押当定耕十年”，用减少的地租与稳项数额抵偿债务。[①] 类似这种“明押暗当”“半租半当”的情形在地方租佃纠纷中并不少见。[②] 在民间一些自发的表述当中，将撤回租佃，返还押租的行为称为“回赎”“赎取”“赎业”等。[③] 而“赎”则常用于典权交易中，用以描述返还典价、收回典物的行为。民间租佃关系极具复杂性、实用性和灵活性的特征可见一斑。

如果从法律的角度进行解读，不难发现，这种特征使大佃成为债权与物权的中间权利形态，在法定的租赁和典权之间形成含混模糊的过渡空间，难以被具体的民法制度涵盖，故一旦涉及法律制度适用，二者间诸多冲突就随之涌现。早期司法院解释例着眼于土地使用这一层面，而对押租制下土地的担保功能予以回避，导致物权法定原则下的优先受偿问题与税负负担问题无法解决，并成为日后大佃纠纷的争议焦点。

1930年民国《民法典》物权编确立物权法定原则，设置不动产物权登记制度，明确物权优先效力。为确保自身利益的实现，当事人将大佃契约改为典权契约并进行物权登记的情形增加，甚至出现将大

① 《王双和诉朱实齐关于佃串诈欺案》，荣县档案馆，档案号：009－03－176，荣县档案馆藏。

② 类似案件如：《荣县政府、保卫团关于第十九区办事处关于李沈氏佃业欺骗案的诉状、批示》，档案号：009－03－032；《曹鸣实、陈江海诉王炳三关于悖约抗租一案》，档案号：009－03－253；《刘四兴、廖义呈诉郑洪顺关于稳项一案》，档案号：009－10－888；《范荣章、范熙成诉彭仲陶关于增加稳项给付一案》，档案号：009－23－716等，荣县档案馆藏。

③ 《毛辉武诉陈锡和关于稳项一案》，荣县档案馆，档案号：009－10－888；《四川财政厅、荣县地方法院关于上缴田房契税的契约、收据》，档案号：009－01－102；《邹怀安诉邹相廷稳项一案》，档案号：009－08－524；《吴锦江诉吴静三关于两世抗赎一案》，档案号：009－03－254；《陈杨氏诉杨渊如关于稳项不兑一案》，档案号：009－03－291等。

佃契约视为物权而直接登记的情形。[①] 1936年2月至3月四川省高等法院相继将巴县和长寿县法院关于大佃性质的疑义上报至司法院。主要法律适用问题在于：巴县地方法院开办登记以来，“声请登记大佃事件者颇不乏人”[②]；同时在长寿县的司法实践中，也多有当事人否认法定物权优先效力的情形，诸如“每遇抵押权人对于抵押物主张行使权利时，大押佃户率皆攻击抵押契约系属空叫、空应。大押佃业，则已转移占有，拒绝抵押权人优先受偿之权，甚且拒绝查封拍卖”[③]。而地方法院也认为虽然前判决例已将大佃契约认定为普通租赁，从法律适用角度其具有抵押担保功能与优先受偿效力。就地方惯例而言，过耕大佃相较于“空约”抵押权其优先清偿效力得到更广泛的认可，作为惯例上的特权，其实际效力“牢不可破”[④]。

面对基层法院种种适用困境，司法院坚持严格遵循法律规定，否认大佃相对于抵押权、典权等法定物权的优先效力。司法院1437号、1444号解释例均坚持物权法定原则，认为大佃“不生物权之效力”，相较于抵押权“自无优先受偿之权”[⑤]，仍将其认定为普通债权。由此可见，早期司法院更倾向于严格依法进行事实认定和法律适用。从法律层面来说，非此即彼的事实认定方式有效地简化了民间地权交易形态，降低了此类纠纷的法律适用难度。但依法审判价值观念的背后也体现了司法院的回避态度，其中的法律适用困境并未因此得到解决。

除此之外，由于产权的认定与土地实际收益分配并不契合，民国

---

① 夏勤：《视察四川司法报告书》，司法部，1938年版，第26—29页。

② 《1936年院字1437号解释例附四川高等法院原代电》，参见郭卫：《司法院解释例全文》，上海法学编译社，1946年版，第1141页。

③ 《1936年院字第1444号解释例附四川高等法院原代电》，参见郭卫：《司法院解释例全文》，上海法学编译社，1946年版，第1146页。

④ 《1936年院字第1444号解释例附四川高等法院原代电》，参见郭卫：《司法院解释例全文》，上海法学编译社，1946年版，第1146页。

⑤ 《1936年院字第1444号解释例》，参见郭卫：《司法院解释例全文》，上海法学编译社，1946年版，第1146页；《1936年院字1437号解释例》，参见郭卫：《司法院解释例全文》，上海法学编译社，1946年版，第1142页。

时期大佃纳赋问题始终是押租制下典型争议焦点之一。[①] 基于出租人的土地所有权，民国《民法典》债编第四百二十七条明确规定："就租赁物应纳之一切税捐，由出租人负担。"与普通租赁的利益分配相反，大佃佃农因自耕或转租而享有土地收益的绝大部分，以至于"由大押佃户占去十之八九，所有权人仅占十之一二，甚有原约只留少数收益给业主"[②]。此时土地上的利益分配与民法中的典权制度更为接近，以至于地方法院认为这种情形"徒存租佃之名，而为典当之实"[③]，如将其认定为普通债权而由地主负担税负，则显失公平；若将其认定为典权由承佃方负担土地税负，则应属合理。相较于基层法院关于"公平"的考量，司法院坚持严格遵循法律规定，认为依据物权法定原则，既然承佃人仍需向所有人缴纳租金，则与民法典权制度不符，故拒不适用典权的法律规定，仍认定为普通债权，税捐负担也由土地所有权人承担。[④] 这也体现出基层法院和司法院之间关于审判价值的不同取向。

针对由押租习惯所导致的租税分担问题，1935 年四川省政府在《四川省政府财政厅规定典契税暂行条例》中，以补充条款的形式将此条例的适用范围扩大到租佃关系中。[⑤] 此举以法律的形式承认民间的大押佃具有典权性质，而突破了普通债权关系，这显然与作为上位法的民法以及司法院解释例的有关规定相违背。该补充条款的出现，将押租制下民间习惯与国家法律的冲突矛盾转化为不同位阶法律之间的冲突。面对地方法院的疑义，司法院回避了既存民法理论问题，认为该项规定"仅系规定完纳税款之办法，与当事人间缔结契约之性质

① 郭汉鸣、孟光宇：《四川租佃问题》，商务印书馆，1944 年版，第 123 页。

② 《1936 年院字第 1444 号解释例附四川高等法院原代电》，参见郭卫：《司法院解释例全文》，上海法学编译社，1946 年版，第 1146 页。

③ 《1936 年院字第 1444 号解释例附四川高等法院原代电》，参见郭卫：《司法院解释例全文》，上海法学编译社，1946 年版，第 1176 页。

④ 《1936 年院字第 1444 号解释例附四川高等法院原代电》，参见郭卫：《司法院解释例全文》，上海法学编译社，1946 年版，第 1147 页。

⑤ 《四川省政府财政厅规定典契税暂行条例》第一条：凡在四川省区域内典当不动产者应以本条例之规定完纳典契税。民间变名大押佃其佃户收入在原产业全部收益三分之二以上者应依典契税规定完纳典税。

并无影响，如关于税款应归何人负担，有所争执，自可依补充规定解决”①。

赋税负担问题的出现，说明关于押租习惯的法律适用困境的产生不仅来自国家法律与民间习惯的冲突，国家法律的各法源之间本身并不能形成一套自洽的体系。法律体系不能自洽、民事行为性质功能概括不全面、司法实践法律适用困难，成为早期法律规定与押租习惯冲突下最直观的特征。

二、大佃法律性质的明确：以院字第 2132 号解释例为标志

司法院对押租的效力予以承认源于其对民事法律规则间冲突的回应。在民间实践当中房屋租佃和土地租佃均有押租习惯，二者的功能和性质亦如出一辙。出于保护佃农利益的考量，1930 年民国《民法典》承认房屋押租而否认土地押租，司法院 1937 年院字第 1695 号解释例进一步明确了房屋押租相对于担保物权的优先受偿效力②。四川省璧山县司法处认为应当据此类推大佃同样具有优先受偿的效力，方符合押租制下土地自身所具有的债权担保功能。③ 面对这一意见，司法院解释例态度为之一转，承认了押银的优先受偿效力。虽仍未对押银的法律性质进行认定，却已然引生出对押租制下土地的担保效力进行法律评价的必要。

面对严格依法审判和解决纠纷的双重价值目标，司法院在 1941 年 2132 号解释例中将其认定为租赁契约与典权设定契约之联立，④

① 《1936 年院字第 1584 号解释例》，参见郭卫：《司法院解释例全文》，上海法学编译社，1946 年版，第 1249 页。

② 《1937 年院字第 1695 号解释例》，参见郭卫：《司法院解释例全文》，上海法学编译社，1946 年版，第 1339 页。

③ 《1938 年院字第 1816 号解释例附四川高等法院原函》，参见郭卫：《司法院解释例全文》，上海法学编译社，1946 年版，第 1433 页。

④ 《1941 年院字第 2132 号解释例》“大佃契约当事人一方因支付巨额押金，只须支付小额租金即得占有他方之不动产，而为使用收益者，应认为租赁契约与典权设定契约之联立”，参见郭卫：《司法院解释例全文》，上海法学编译社，1946 年版，第 1675 页。

进而认为支付地租所对应的土地上使用收益权属于租赁契约，缴纳押金所对应的土地使用收益权为物权所规定之典权。其上涉及的税负问题，也通过分割后的结果分别由租赁关系中的所有权人和典权设定关系中的典权人负担。[①] 此解释例利用租赁和典权对押租制下统一于土地上的“业权”进行人为分割，意图对大佃契约的功能和性质进行全方位的评价。此处法律规定与大佃习惯仍存在错位，土地上的权利性质很大程度取决于押租数额和主佃双方的具体意思表示，多基于个案判断，而缺乏整体统一的标准。普通租佃契约、具有一定担保功能的契约、完全意义上的典权契约之间是一个模糊的过渡地带，而非同一契约中的不同部分，故若一律将押租金对应为土地典价显与事实不符。对此，司法院通过院字第 2148 号解释例进行补充，认为租佃关系中是否适用 2132 号解释例须依押租与地租的占比而定：在“押少租多”的情形下，押租金应视为“担保租金支付义务之押租”，而在“押多租少”的情形下，则应依前解释例认为是“租赁契约与典权设定契约之联立”[②]。

司法院对押租条款的态度转变体现了依法审判的价值对现实纠纷的进一步妥协，同时仍以国家法律的适用为原则，并试图通过不同的民法制度对押租习惯涵摄，以求保依法审判和解决纠纷多重价值的实现。但是，近代国家法律与传统民间习惯之间对抗的张力始终存在，致使二者之间的矛盾难以消弭。

三、新问题的产生与司法僵局的形成

司法院应对大佃纠纷的解释例并未深究不同民法制度之间的实质差异，只是针对既存问题的补救措施，试图以近代民法制度为中心对传统权利形态进行分割并将其纳入国家的法律语言，以致此补充性规定同样不明晰，并将大佃习惯法律性质进一步复杂化，不仅未对早期

① 《1941 年院字第 2166 号解释例第二项》，参见郭卫：《司法院解释例全文》，上海法学编译社，1946 年版，第 1707－1708 页。

② 《1941 年院字第 2148 号解释例》，参见郭卫：《司法院解释例全文》，上海法学编译社，1946 年版，第 1692 页。

问题进行有效回应和解决，反而衍生出新的适用困境，这在实体与程序两方面均有所体现。

实体法律的适用层面，既然以清晰的法定权利去分割含混模糊的民间习惯，那么分割标准的问题便随之产生。根据院字第2148号解释例之规定，押租金的轻重是据以分割大佃习惯的前提条件。对此，司法院认为“应视租金数额是否足为该不动产全部使用收益之对价定之”，默认“当事人之一方将其不动产全部出租，如不收取押金，每年至少可得租金若干，在客观上自有一定之标准”[①]，进而说明租金若符合客观标准则另行收取押租金则属租金的担保，若显低于该“客观标准”，租佃对价须将押租金包括在内，则契约性质为租赁与典权契约的联立。但这仍是停留在理论层面的分析，而无法在具体的事实认定中予以适用。在民间纷繁复杂的租佃实践中，虽可大致梳理出相对系统的交易秩序，但就具体租佃行为而言，其中的影响因素极为复杂，难以确定所谓“客观标准”。所谓“租赁契约与典权设定契约之联立”，本为从民法理论出发的人为分割，此种契约形态的概念在基层实践当中并不存在。民间租佃关系中当事人没有意识也没有能力对契约关系进行如此清晰的界定，故产生“就契约上既无由认定其何部为典权、何部分为租赁权，就物之使用目的，亦无由将该整个不动产予以分割”的情形，产生了原理上可以分割但“事实上尚有不易分辨”[②] 的司法困境。

在契约性质上，司法院坚持此种契约属于两契约的联立，而非混合契约，即契约的内容可以通过不同的法律关系分别进行分割和解读，而分割的标准即为押租金与地租的占比。[③] 土地租赁与典权的有关规定分属民国《民法典》债权编和物权编，司法解释例将其并存于

---

① 《1942年院字第2398号解释例》，参见郭卫：《司法院解释例全文》，上海法学编译社，1946年版，第1906—1907页。

② 《1942年院字第2287号解释例附四川高等法院原代电》，参见郭卫：《司法院解释例全文》，上海法学编译社，1946年版，第1813页。

③ 《1942年院字第2287号解释例》，参见郭卫：《司法院解释例全文》上海法学编译社，1946年版，第1812页。

同一民事行为中，这势必在适用结果上引发不必要的冲突，其中一个重要的体现即为债权租赁和典权的时间效力问题。民国《民法典》第四百四十九条规定租赁契约的效力不得超过二十年，第九百一十二条规定典权有效期限最高为三十年，这一区别使得二者结合后的时效难以确定。司法院认为可以通过分别援引土地租赁和典权契约的有关规定进行处理，认为“当事人所约定之期限为二十年者，关于租赁契约部分，依民法第四百第十九条第一项，第四百五十条第一项之规定，其租赁关系，于二十年届满时消灭。惟有民法第四百五十一条或土地法第一百七十二条情形时，视为以不定期限继续租赁契约”①。不可否认，这种就“一种法律关系”成立“两个相异之权利”② 的解释方式，其初衷在于简化其间的法律关系，使得大佃纠纷可以在国家法律框架内得到解决，却在时效问题上产生法律适用两难的局面，使大佃纠纷趋于复杂化。

不仅如此，错位的法律适用也对司法程序产生了影响，一定程度上增加了法院的经济负担并阻碍了双方当事人正常的救济途径。如，在解除土地租赁契约纠纷中，押租金的退还往往成为主佃双方最为关注的争议焦点。若严格依院字第 2132 号解释例和《诉讼费用暂行规定》，退租纠纷属于普通债权纠纷，其标的额只能按照租金来计算。但在地方实践当中“大押佃契约不成立单纯租佃契约”③，这使得法律承认的案件标的额与实际纠纷产生的标的额相差悬殊。依重庆地方法院观点，“大押佃约之租金，恒只国币数角、租谷数升，其价额未满二十五元，应不征费。若原告仅请求终止租约，而其诉有理由，判决确定后，占有人返还之不动产，所有人返还之押银，其金额或价额

---

① 《1942 年院字第 2290 号解释例》，参见郭卫：《司法院解释例全文》，上海法学编译社，1946 年版，第 1816 页。

② 林彬等：《立法院三十一年度考察团第一团考察报告书》，立法院，1942 年版，第 260—262 页。

③ 《1941 年院字第 2166 号解释例附司法行政部原呈》，参见郭卫：《司法院解释例全文》，上海法学编译社，1946 年版，第 1708 页。

均达数千元，当事人所受裁判之利益，当不在二十五元以下”①，这种认定标准影响了法院依据案件性质收取诉讼费用。同时，诉讼标的额认定较实际过低也阻碍了此类案件进入三审程序，使得当事人的救济途径被阻断，不利于最终权利的实现。故地方法院认为案件标的额应将地租与押租共同计算方才合理。面对此类问题，司法院以原呈不清为由，而不予解释。② 这种结果从侧面反映出，司法院本意图适用法律解释缓解民间习惯与国家法律之间的冲突，却在适用的过程中产生更多的问题，最终导致了僵局的形成。

第三节　传统地权交易秩序视角下民法规则与租佃习惯

川省押租制尽管只是一个具有地方特点的民间习惯，但所体现的法律问题非常集中并具有较强的代表性和典型性。其所折射出的问题不只是具体法规与民间习惯的冲突，而且涉及民国民法近代化转型过程中对于传统民间习惯的承袭与突破以及其间艰难的调适过程。

一、清晰的法律体系与模糊的制度设计

民国《民法典》在借鉴德国民法的同时也试用实现了传统民事习惯相适应，故将传统的民间交易习惯中的典型情形析出并嵌入近代民法体系当中，包括债编的土地租赁、物权编的永佃权和典权。但一系列的司法困境显示大佃习惯在具体的法律适用中难以在近代民法框架内找到准确定位。

1930年民国《民法典》物权编意图构建边界清晰的产权概念，但关于土地租佃的法律规定实则模糊。这首先表现为债权物权二分权利体系下作为债权的耕地租赁与作为物权的永佃权的区分标准并不明

---

① 《1941年院字第2166号解释例附司法行政部原呈》，参见郭卫：《司法院解释例全文》，上海法学编译社，1946年版，第1707—1709页。

② 《1941年院字第2166号解释例》，参见郭卫：《司法院解释例全文》，上海法学编译社，1946年版，第1707页。

晰。民国初期大理院判决例原则上将租佃关系视为永佃权，而土地租赁的认定则需在契约中明确规定期限。[①] 民法物权编继续贯彻这一认定标准，将“佃权之设定定有期限者，视为租赁”[②] 作为区分租佃关系中债权物权标准的立法原则予以列明，并在《物权编》第八百四十二条中规定“永佃权之设定，定有期限者，视为租赁，适用关于租赁之规定”，以视对农地租赁与永佃权的区分。在民法理论当中，区分债编和物权编的关键，不在于“生活事实的相似性”，而是“法律后果的相似性”[③]。民国《民法典》物权编立法者仅凭借租佃契约中的期限条款，便对租佃的性质进行划分并据此赋予不同的法律效力，缺乏理论依据，这显然是出于对佃农的倾向性保护以及为解决实际纠纷的技术手段。

除此之外，民国《民法典》物权编编撰之初，立法者出于对土地问题的特殊关切[④]，对于土地租佃和永佃权未在民法当中予以规定而是诉诸于《土地法》等单行法规，并通过最高院判决例明确了《土地法》相对于民法有关规定的优先适用效力[⑤]。作为具有优先适用效力的《土地法》和《土地法施行法》进一步模糊各权利的边界，其规定中存在大量物权法、债法交叉适用的情形。《土地法》原则上将耕地作用视为租赁债权，但《土地法施行法》意将这一适用范围予以扩

① 大理院上字第140号判决例中明确“佃约不能释为有定期限者，即系永久存在”。参见郭卫：《大理院判决例全书》，会文堂新记书局，1932年版，第182页。上字第2250号司法解释例规定“租契不必有‘永远耕种’明文始为佃权之设定”。参见郭卫、周定枚：《中华民国六法理由判解汇编（第一册民法）》，会文堂新记书局，1934年版，第47页。

② 《民法物权编立法原则》第八项“佃权本有永久存续之性质，故定为有期限者，即视为租赁，适用债编关于租赁之规定，以视区别”，载《中国国民党中央执行委员会政治会议第二百〇二次会议议决》，参见黄源盛：《晚清民国民法史料辑注》，犁斋社，2014年版，第1955页。

③ 迪特尔·梅迪库斯：《德国民法总论》，邵建东译，法律出版社，2001年版，第17页。

④ 《民法物权编起草说明书》第四项，参见黄源盛：《晚清民国民法史料辑注》，犁斋社，2014年版，第1958页。

⑤ 1929年院字第132号判决例：“土地法关于耕地租用之规定，为民法之特别法，自应先于民法而适用之。”参见吴经熊、郭卫：《中华民国六法理由汇编（第三册）》，会文堂新记书局，1947年版，第26页。

大，将耕地租赁的条文准用至作为物权的永佃权当中。《土地法施行法》第四十二条又规定："土地法第一百七十一条，第一百七十三条，第一百七十五条，第一百七十七条至第一百七十九条，第一百八十六条及第一百八十七条之规定，于永佃权准用之。"① 法律上的交叉适用使得土地租佃行为在法律上的债权物权特征进一步弱化，加之土地租赁与永佃权的法律界限本不明晰，因此学者陈顾远认为："永佃权和耕作地租赁，除一为物权、一为债权的性质，显有差异外，实质上相同的地方很多，既许使用关于租赁的规定，在这里更设定许其准用关于耕地租用的若干条文，当然没有什么不可。"② 这一补充性规定使得《土地法》中调整土地租佃关系的一节自身兼具了债法和物权法的性质，其中关于土地租赁和永佃权的规定实际成为民法债权和物权的过渡性规定。

二、押租习惯下连贯含混的民间地权交易秩序

相较于简化地权之后的法律规定，民间地方地权交易秩序呈现出复杂含混的特点。租佃关系在各地习惯中更是分为"租赁""押租""顶首""永久租佃""田分皮骨"等多种不同形态，其运作方式与效力也不尽相同。③ 就民间的佃与"一田二主"习惯而言，有观点将二者的区别解释为租佃制度与土地使用权制度的不同。④ 也有观点认为

---

① 上海律师工会：《民国政府现行法规（土地法施行法）》，上海律师工会，1935年版，第8页。

② 陈顾远：《土地法》，商务印书馆，1935年版，第150页。

③ 参见司法行政部：《民商事习惯调查报告录》，司法行政部，1930年版。

④ 杨国桢最早提出永佃权与田面权区分，通过对于明清时期土地契约的研究，认为将永佃制统一概括为"永佃权"和"田面权"是不恰当的。认为"永佃权"是指土地上永久耕种的权利，强调土地的使用权，反映的是土地所有权与土地使用权的分离，属于租佃制度的变化；"田面权"除永久耕作权外，还有改变土地用途、转佃、买卖的权利，反映的是土地所有权的分割，属于所有权制度的变化，二者存在本质上的不同。参见杨国桢：《明清土地契约文书研究》，中国人民大学出版社，2009年版，第2页。

二者并无本质差异，并将其视为租佃关系中连续统一体的两端。① 后者的解释显然更符合民间的地权交易实践，即不进行具体权利的划分，土地上权利类型根据不同的租佃形态呈现出复杂多变、模糊不清的特点。

川省押租制下的地权交易结构并不像法律中所呈现的那样具有清晰的边界，而是呈现出连贯且模糊的样态。传统地权交易的一端是土地使用权人，另一端是土地所有权人，随着押租数额的增长，土地上权利呈现出由所有权人向使用权人逐步转移的过程，在法律规定中这种权利自弱到强体现为租赁、永佃权到典权的变化。所有权人向使用权人流动偏移的程度，取决于使用人所支付对价的数额。在租赁、永佃权向典权流动的过程中，起到对价作用的即为押租，在典权向所有权过渡的过程中，这个对价便是典价。

法律的规定中，将此连续流动过程中的几种典型的权利类型予以列明，作为物权的全部形态。但法律条文内容的冲突与司法实践的困境显示出现实中几个法定权利之间的过渡地带和模糊地带长期存在，并难以在既有的法定权利中找到准确定位。除此之外，尽管背后有约定俗成的地权交易秩序的约束，但具体的交易形态依双方的意愿具有较大的随意性，这使得民间民事行为呈现出极强的含混性与复杂性，进一步增加了民法在本土适用的难度。

三、民事立法与民间习惯的对立

以民国川省押租制下的立法与司法实践为例，其中不仅是押租禁止法律表达与民间押租习惯、基层司法实践的背离，背后更折射出近代民法制度与传统民事习惯之间的冲突与矛盾。

① 寺田浩明将土地经营的“包”与“雇”视为土地上权利义务分配的两极，以此为轴心向两极展开了多种多样的风险承担的不同形态，参见岸本美绪：《明清契约文书》，收入王亚新、梁治平：《明清时期的民事审判与民间契约》，法律出版社，1998 年版，第 305 页；持此类似观点的还有黄宗智，他提出永佃权和田面权的关系是连续的统一体，而这个统一体的一端是清晰的田面权，另一端是含糊的永佃权。土地上的押金是为永佃权支付的费用，这种前提下永佃权距离双重土地所有权只有一步之遥。参见黄宗智：《法典、习俗与司法实践：清代与民国的比较》，上海书店出版社，2007 年版，第 85—87 页。

民国《民法典》广泛继受西方民法理论，如梅仲协先生所言，民国《民法典》“采德国立法例者，十之六七，瑞士立法例者，十之三四，而法日苏联之成规，亦尝撷取一二”[①]。其产生，可以说基本上是一个移植的结果，而不是制定的结果。[②] 尽管立法者考虑到与本国民事习惯相结合，甚至将民间租佃与典上升至国家法律，但西方的法律体系法律制度与本土民事习惯的冲突和艰难调适伴随近代民法转型始终。具体来说，国家立法与民间押租制下的地权交易习惯的冲突概括而言是民法之“物”与习惯之“业”之间概念的错位。与抽象的物权概念不同，业作为乡土社会地权秩序运行的核心概念，侧重于土地孳息，强调土地上的“养育”而不是“支配”，支撑“业”之概念的是一种朴素的生存伦理。[③] 而近代以来，土地与地租的流转也具备了民间融资的功能，对于土地的支配侧重于利益的流向而权利的归属，押租制下的地权交易秩序逐渐呈现出小农经济与资本主义经济双重伦理价值。与此不同，近代民法则更强调权利的清晰界定。

根据以上对大佃纠纷司法适用困境的阐述，二者之间的错位可以总结为以下几组概念的对立。

首先，民法物权排他效力与民间地权权属不明晰的对立。民间同一土地上往往呈现出多重权利的特征，土地上“业权”与土地所有权彼此具有较大的独立性，以至于一田多主、田分皮骨多重所有权情形在南方地区的普遍存在。但以产权界定清晰为出发点的近代物权制度则严格遵循一物一权原则与物权排他效力，这使得在法律上仅能将所有权之外的权利类型作为债权或他物权的形式予以体现。

其次，物权法定原则与复杂含混地权类型之间的对立。民国《民法典》第七百五十七条规定“物权除本法或其他法律有规定外不得创设”，并于分则确立所有权、地上权、永佃权、抵押权等法定物权种

① 梅仲协：《民法要义》，中国政法大学出版社，1998 年版，第 2 页。

② 孙宪忠：《中国民法继受潘德克顿法学：引进、衰落和复兴》，载《中国社会科学》，2008 年第 2 期，第 91 页。

③ 汪洋：《明清时期地权秩序的构造及其启示》，《法学研究》，2017 年第 5 期，第 116 页。

类。与界定清晰的法定物权不同，民间权利形态具有含混模糊的特点并偏向于结果的实用性，同一行为上往往具有物权与债权或是多重的物权效果，游离于民法制度外的权利形态大量存在，故难以通过明晰的民法制度对其进行准确的定位和法律适用。

最后，债权物权二元权利体系与连续地权交易秩序之间的对立。物权与债权是大陆法系民法的两个基本概念和逻辑基础，被称为大陆法系财产权的二元架构。19 世纪初，萨维尼以“自我意思的权力体系”为基础，自权利角度厘定法律关系，《德国民法典》受其影响，即采物权编和债法编相互独立的潘德克吞体系。而物权、债权二元体系之外的“中间现象”的存在，也成为后期动摇该权利体系的主要因由。[①] 中国近代民法继受物权债权区分理论，这种清晰的理论划分与传统的民间习惯形成鲜明对比。传统民间地权交易秩序从租佃、押租、胎借、押当、大佃、典权、活卖到所有权转移，土地权属从所有权向使用权人转移的过程中呈现出连续性特征，这一系列连贯的权利形态在债权、物权二元权利体系中往往难以找到准确的定位。

由于以上不同概念的错位，面对民间“非法定”的权利形态，司法院解释例无论是严格遵循法律规定，还是利用多种法定权利进行分割并分别适用法律，均不能对其性质功能进行完整评价，其不仅在实践中难以被接受，甚至衍生出更多的法律问题和适用困境。

第四节　结论：冲突格局下司法实践的多重困境

有观点认为，民国《民法典》就立法技术而言是“德国民法概念精确、体系完整的优点”与“适合中国本土的法学语言”结合的产物，是彻底继受德意志民法体系与其中国传统色彩的权利形态的结合，其先进性有甚于德国民法。[②] 而川省大佃习惯法律适用的多重困

① 陈华彬：《物权法论》，中国政法大学出版社，2018 年版，第 22—23 页。

② 孙宪忠：《中国民法继受潘德克顿法学：引进、衰落和复兴》，《中国社会科学》，2008 年第 2 期，第 91—92 页。

境却说明，“嫁接”式的法律移植并不能消除传统民事习惯与近代民法制度之间的矛盾。

这种困境的产生，不仅来自国家法律与民间实践的冲突，还存在法律适用的过程中所产生的依法审判与解决纠纷的司法价值冲突，具体表现即为基层司法中以解决实际纠纷为出发点的审判需求与司法院依法审判原则下解释例内容的不相适应。在法律推理的意义上，当作为大前提的法定权利对实际存在的民事行为无法进行准确涵摄时，基层法院多倾向于尊重民间交易习惯并结合双方实际情况针对个案进行审判；而在司法实践另一端，司法院解释例则更倾向于民法规则的援引与适用。这种冲突不仅存在于司法院和基层法院之间，司法院解释例态度的转变及其反复补充解释均体现出其内部也存在价值的多层次冲突与复合式平衡。

可见，国家层面押租禁止法律规定无法实行，不仅是表面上某一具体法律条文在基层司法中“表达”与“实践”的差异，而且涉及押租制下地权交易秩序与民国民法制度设计和理论逻辑的差异。在近代司法的时空背景和制度设定下，严格遵循法律规定进行事实认定和法律适用的审判理念，并未使得立法意图得以真正实现，反而衍生出新的问题。基于不同权利观念、权利结构下的类推，不仅在理论上使得法律体系不能自洽，实践上也不能得到有效适用，反而引发更多的法律问题，使得地权问题进一步复杂化，其结果偏离了立法原意，并最终导致司法僵局的形成。

第三章 慈善法制的近代化：威远县静宁寺慈善会查封案

第一节 密报引发的十年纠纷

1936年6月，四川省政府接到密报称，威远县静宁寺慈善会系非法组织，虽以办慈善为名却行“危害国家社会”之事。经第二专员公署[①]调查确实后，省政府便“密令专员公署转行县府取缔”，威远县县长余翊遂同参谋陈宏谟带领保安队将静宁寺慈善会查封。抄没静宁寺后，威远县政府决定将“器具什物交县机关法团接收，庙宇交县立中学校管理”[②]，数年后抗日烽火四起，大批学校内迁西南，静宁寺便被划做东北中学和东北中山中学[③]的校址。令人意想不到的是，民国二十五年的此次“密报事件”，掀起了关于静宁寺慈善会长达十余年的争论。尽管对事情的原委众说纷纭，但就查封经过而言各方叙述保持了仅有的一致。

至于“密报”究竟为何人所书，十年后威远县政府关于本事件的

---

① 川政统一后，四川施行行政专员督察区制，共划分18个督察区，第二专员公署全名四川省第二区行政督察专员公署，下辖内江县、资中县、资阳县、简阳县、井研县、仁寿县、威远县、荣县共8县。

② 《各县呈报社会救济事业报告表、四川省府关于处理静宁寺川东南慈善会组织情形来往文件及成都慈善堂工作报告书等》，档案号：民186—02—2751，四川省档案馆藏。

③ 东北中学和东北中山中学均是因东北沦陷而被迫流亡的学校。东北中学在1931年由张学良在北平创立，东北中山中学由国民党中央政治委员会委员、东北协会负责人齐世英于1934年在北平创办。1939年在全国各地流亡数年的两所中学先后迁入当时已被查封的威远县静宁寺中，方得安定办学。

回复中称：

地方明达人士见其行动不轨，常以为忧，但在军关卵翼之下，莫敢与言。幸我中央政府统一川局，始由地方区分党部据实检举，层转中央党政，饬省区县党政层峰，严密查办，几经派员，查实不虚。①

静宁寺慈善会的呈文中也曾提及："不料为善不彰，遭人计害，突于二十五年六月被不肖捏害，当地士绅不查苟同，诬属会……"② 可见，从一开始本案件的矛盾焦点便在威远县政府与静宁寺慈善会之间。在此后数十年的纷争中，双方始终各执一词，相左的陈述使得案情变得扑朔迷离，但也为考量各方扮演的角色提供了多重研究角度。

对于静宁寺慈善会的查封，威远县政府及下属的新盛乡政府扮演着至关重要的角色，在其事后对该行为的极力辩护中可见端倪。

（一）该寺为一女巫朱郑氏妖蛊惑愚夫愚妇藉地创成，早应查禁，何能听其复兴，惑众者一。

（二）该寺于民国初年敛财继益□肆，既经禁没，设立学校为一般奸徒凭藉，竟聚徒众数十万，非僧非道，分支设组并立头目。幸川政统一，经检举查封，没收归公，倘听其蔓延，难免不聚众，异动如白莲红灯，祸国殃民，何能听其复兴，为将来害者二。

（三）该寺为奸徒凭藉妖言敛财以办慈善为名，愚弄无识男女，入教毫未行一慈善事业，兴办学校教读自刊邪说经文符箓，设立工厂专刻邪说经文符箓，诱引教徒诵读，行同白莲红灯，倘使早不封禁，恐至今为祸已非浅鲜，何能听其复兴，作患者三。

（四）该寺既经封禁，器具什物交县机关法团接收，庙宇交

① 《各县呈报社会救济事业报告表、四川省府关于处理静宁寺川东南慈善会组织情形来往文件及成都慈善堂工作报告书等》，档案号：民 186—02—2751，四川省档案馆藏。

② 《各县救济院慈善团体查报表、四川省属各机关讲习法规办法、江津巴县土蔡三呈横江义渡会章程公务员服务法与寺产》，档案号：民 186—02—2750，四川省档案馆藏。

> 县立中学校管理，迄已十余年，嗣后东北中学、中山中学两校，迁移来县。教育部令改作校址，东北中学迁去后，本乡复设立威南中学校于该庙，迭次修葺培筑，已费巨资并经修筑乡村马路以利交通，且以封禁没收庙宇改设公众有益校址之兴创邪教，优劣不啻天壤，何能听其复兴，作设邪教之用者四。[①]

威远县政府首先将静宁寺慈善为定位为“邪教”的角色，将其同历史上的白莲教和红灯教并列，并直言该寺虽以办慈善为名但丝毫不办慈善事业。这似乎能够成为检举静宁寺慈善会的理由，然而仅从威远县政府给出的答案来看，静宁寺被查封仍不具有说服力。该寺由女巫创办与查封之间并无关联，“未行一慈善事业”“自刊邪说经文符箓”等指控是否有说服力，“祸国殃民”云云则皆属于无实质内容的词汇，至于十余年后发生的变化似乎亦不能成为当年查封之事的佐证。

但当时负责审理此案的委员长行营[②]选择站在威远县政府一方，曾在训令中言及：

> 该寺借神敛财，诱惑愚民，确系实情，至其政治活动及不轨企图，目前尚无所闻。惟信教日众，势力坐大，若不迅予取缔，将来亦易为奸人利用，又该寺所办儒林学院教材教法均与部章相背等，请本府以案经查明确有上项情状，自应予以取缔。[③]

这仿佛是威远县政府密报查封静宁寺理由的翻版，有了委员长行营的背书，静宁寺的申诉之路显然不会顺利。在寺产被查封后的第二

① 《各县呈报社会救济事业报告表、四川省府关于处理静宁寺川东南慈善会组织情形来往文件及成都慈善堂工作报告书等》，档案号：民 186—02—2751，四川省档案馆藏。

② 委员长行营全称为国民政府军事委员会委员长行营，是中华民国国民政府军事委员会委员长派驻各地的军事机关，行营主任代理国民政府军事委员会委员长行使职权。历史上的委员长行营众多，此处负责本案的委员长行营应为国民政府军事委员会委员长重庆行营。

③ 《各县市呈济事业设施人事概况查表、与川南慈善会呈收静宁寺产业情形文件》，档案号：民 186—02—2756，四川省档案馆藏。

年1937年，静宁寺主理人严英等人便因不服威远县政府的决定，依照《中华民国诉愿法》向四川省政府提起诉愿。时任四川省政府主席的邓汉祥便以“委员长行营核准有案该县政府奉令依法处分自无不合”[①] 为由将诉愿驳回。此后的第二年，即1938年，严英等人向赈济委员会提起的再诉愿又宣告失败。行政诉愿不通后，严英等人又向行政法院提起了行政诉讼，但结果仍是“复被驳斥”。

从行政诉愿书的驳回“事实”和“理由”中，可以看到比起上述威远县政府所言更详细的查封缘由：

> （一）该寺印刷科未经依法登记且僻处乡间，既□营业性质，乃以上工徒□常工作，难保不无传播迷信，淆惑听闻及秘密印刷反动宣传物品情事。
>
> （二）该寺学校名为儒林学院，学生一百二十余名，大都十岁上下之学童，所列课程全与部章相背，教授书籍为《太岁感应篇》《金刚经》，教员率多鹤发老人，学生面瘦身弱，多无生气，女子除纺织外课以女儿经孝经等语。
>
> （三）该寺名为三教合一，以慈善为宗者，安则借名敛财、假神惑众。其敛财方法甚多，化会员入会，捐谷，分天地人三号及中等下等之别，其最主要者为托供牌位，每月纳资若干，其他更有所谓百子酒、酒神药等项，其惑众方法则为预告祸福降鸾扶乩种。弊端皆为法所必禁等语……
>
> （四）该寺资产设有招待总务通讯等部职员慈善分会七百余所，分布川东南各县及省外，均有通讯方法密切联络，每届会期（每年三四次）召集各分会员日以万计等语，查该会人数众多，流品复杂，遇有不肖之徒，□处其间尤为煽惑，应予解散。[②]

---

① 《各县市呈济事业设施人事概况查表、与川南慈善会呈收静宁寺产业情形文件》，档案号：民186—02—2756，四川省档案馆藏。

② 《各县市呈济事业设施人事概况查表、与川南慈善会呈收静宁寺产业情形文件》，档案号：民186—02—2756，四川省档案馆藏。

如此看来威远县政府提到的理由有了较为详尽的佐证，但这四项理由仍然经不住详细的推敲，并无法令人信服。行政机关运用公权力查封私立慈善机构无疑是一项法律行为，理应有更为确切的法律依据。以此标准分析，第一项和第四项理由便难以立足，“难保不无传播迷信”“流品复杂”等语实则表明尚未造成或者发现慈善会的违法后果；第二项和第三项理由则较为详细地阐明了其非法之处。虽因诉愿一再受挫而选择沉寂，但静宁慈善会显然没有被上述理由说服。在第二次诉愿被驳回后的第七年，静宁慈善会再次以川东南联合慈善会①的身份登上了历史的舞台。

在静宁寺寺产被查封后的第九个年头，时任川东南慈善联合会的常务理事李焕章再次向国民政府军事委员会申诉，请求发还寺产。与前两次诉愿被驳不同，四川省政府主席张群对于再查本案的支持给予李焕章等人极大的信心。他们在呈词中首先表示“静宁寺慈善会始于清末，办理施孤济贫至民国二十二年，川东南慈善联合会成立于静宁寺，始行扩张”②，申明了静宁寺慈善系而今川东南联合慈善会的前身，更多次上书言明在此数年内，川东南联合慈善会的慈善成绩，请求“立电威远县府速予发还本会主权及保存一切器具什物以便遵章办理宏大救济事业，广为救济贫苦大众倘蒙”。③

这样本案的处理结果便在情理之中了，一年后的1946年，也是本案发生的第十年，负责处理本案的四川省政府社会处处长黄仲翔④推翻了原案判决，并饬令威远县发还财产。不过在执行时受到威远县政府的强烈反对，最终只得将原房舍划作两用，一部分返还慈善会，

① 与本案相关的档案资料中均称川东慈善南联合会系由静宁寺慈善会发展而来，且规模庞大、人数众多。但除此之外，尚未发现关于本会的任何资料。因此对于川东南慈善联合会的起源、发展及消失等情形有待进一步研究。

② 《各县呈报社会救济事业报告表、四川省府关于处理静宁寺川东南慈善会组织情形来往文件及成都慈善堂工作报告书等》，档案号：民186—02—2751，四川省档案馆藏。

③ 《各县呈报社会救济事业报告表、四川省府关于处理静宁寺川东南慈善会组织情形来往文件及成都慈善堂工作报告书等》，档案号：民186—02—2751，四川省档案馆藏。

④ 黄仲翔，1939—1945年任四川省政府社会处处长，黄仲翔及社会处为本案中后期的实际经办人。

另一部分仍留作学校使用。自此这件慈善产业风波初步有了定论，静宁寺慈善会终于索回了部分产业。静宁寺慈善会与威远县政府的这场历经十余年的官司，经过委员长行营、四川省政府三任主席①甚至赈济委员会主席孔祥熙的处理，在移交寺产的过程中还发生过诸多争端，但双方对于案件的真相始终莫衷一是。静宁慈善会的艰难复兴之路是那个混乱年代下，法律、政治、社会、文化交织的写照，也是我国慈善法制建设起步的一个缩影。

第二节　查封事件背后的法理

一、对慈善团体的立案管理

民国法律中的“立案”对于传统中国社会来说是一个典型的西式词汇，也是民国试图建立现代法律体系的过程中引入的对社会的管理方式之一。慈善法律中的“立案”制度出现在民国十八年（1929）国民政府颁布的《监督慈善团体法》及其施行细则②当中，同时为配合《监督慈善团体法》实施，民国二十一年（1932）内政部还制定了《各地方慈善团体立案办法》，随着慈善行政被纳入国家社会行政事务的体系，南京国民政府“对慈善团体的监督与控制也渐趋严密”③。

立案制度本是规范慈善组织及其行为的举措之一，但当传统社会的善会善堂遇上西式法律中的备案登记时，难免会出现“水土不服”的症状。作为典型的宗教慈善组织，静宁寺慈善会便被威远县政府指

① 根据现存档案，本案分别经过邓汉祥（1938年1月起曾因张群未到任短暂代理四川省政府主席）、张群以及邓锡侯的批示。

② 《监督慈善团体法施行细则》第三条规定：慈善团体设立时应先得主管官署之许可，再依民法社团或财团之规定，将应行登记之事项造具清册呈经主管官署核定。其财产在五千元以下者，汇报内政部备案；在五千元以上者，专报备案。主管官署汇报或专报内政部时，在省由省政府、在特别市由特别市政府转报之。

③ 曾桂林：《民国时期的慈善法制建设及其经验教训》，《史学月刊》，2013年第3期，第17页。

控“该寺慈善会在本县党支部及县政府均无案可稽查，属非法组织无疑”。[①] 静宁寺慈善会对此反驳称：“先后曾向四川省督办公署、二十一军、二十四军各驻军长官，威远县政府立案，均出示保护，详列呈报在卷，倘属非法组织，当时之军政长官绝不得出示保护。”[②] 另外关于立案问题还有两种说法，赈济委员会在审理严英的诉愿时曾表示：“该会设立虽经呈报官署有案，但自民国十八年监督慈善团体法及其施行规则公布以后，该会并未依法重行立案。”[③] 多年后的四川省政府对本案的重新定性则认为“欲切究立案与否无从查考，似不能即以非法团体同论”[④]。

尽管笔者更倾向于第三种说法，但当历史事件陷入罗生门时，再执着于对史实的精确还原已没有太多的意义，这一矛盾反而凸显了“立案”制度本身存在的问题。首先在民国时期颁布的《土地赋税减免规程》《所得税法施行细则》[⑤] 等法律中只设立了对于立案团体的褒奖制度，不曾规定“未立案的后果”。可见“立案”是慈善团体申请免税、动用存款等行为的前提，却并非是成立与存续的必要条件。

其次从立案登记的实际执行状况来看，《监督慈善团体法》的实施效果似乎并不太理想。至1935年年底，经各省市政府转报到内政部备案者仅数十个。其中，慈善团体备案情况较好的是上海、北平两市，分别为22个、20个；其次是江苏（5个）、浙江（3个），而河

---

① 《各县呈报社会救济事业报告表、四川省府关于处理静宁寺川东南慈善会组织情形来往文件及成都慈善堂工作报告书等》，档案号：民186—02—2751，四川省档案馆藏。

② 《各县呈报社会救济事业报告表、四川省府关于处理静宁寺川东南慈善会组织情形来往文件及成都慈善堂工作报告书等》，档案号：民186—02—2751，四川省档案馆藏。

③ 《各县市呈济事业设施人事概况查表、与川南慈善会呈收静宁寺产业情形文件》，档案号：民186—02—2756，四川省档案馆藏。

④ 《各县救济院慈善团体查报表、四川省属各机关讲习法规办法、江津巴县土蔡三呈横江义渡会章程公务员服务法与寺产》，档案号：民186—02—2750，四川省档案馆藏。

⑤ 如民国二十五年四月颁布的《土地赋税减免规程》第九条规定：业经立案之私设慈善机关，办理社会救济事业五年以上，具有成绩者，其用地如不以营利为目的，得呈请免税。民国三十五年七月颁布的《所得税法施行细则》第五十条规定：本法称教育文化公益慈善机关或团体之基金存款者，谓具有长期固定性质、用利不动本之定期存款，或有特定用途经主管机关核准得动用本金，或作为活期存款存储者。前项机关或团体者，以依关系法令，经向主管官署立案者为限。

北、广东、四川、河南、江西、山西等 6 省，各仅一两个。[①] 可以推知，在当时的四川省，慈善团体不进行立案登记反而是普遍现象。本案中静宁寺慈善会因未曾立案而被威远县政府指控为非法组织，应予以解散，显然是不符合当时的法律规定的，亦与现代行政法中“法无授权不可为”的准则相悖。在之后的再次调查中，四川省政府选择将这一点进行模糊化处理也就不足为奇了。

二、反迷信运动影响下的立法与查封

随着西学东渐的思潮，清末以降很多知识分子将中国落后的缘由归结为思想上的愚昧和落后。立宪派的梁启超曾言：“今欲伸民权，必以广民智为第一义。”在孙中山设计的政治蓝图中，中国崛起需要施行“军政—训政—宪政”三步走的战略也是因为需要“一面用兵力扫除国内之障碍；一面宣传主义以开化全国之人心，而促进国家之统一”[②]。在这一点上，历史舞台上的知识分子与各家政客达成了罕见的共识。自 1928 年开始，标榜三民主义的南京国民政府，为施行“训政”，在全国掀起一场声势浩大的“反迷信运动”[③]。反迷信运动的主要对象是中国的两大传统宗教佛教和道教，南京国民政府通过直接或间接地颁布法律和行政命令，加强国家对于宗教的控制。国民政府相继颁布了《监督寺庙条例》（1929 年）、《寺庙兴办公益慈善事业实施办法》（1932 年）、《佛教寺庙兴办慈善公益事业规则》（1935 年）等法律，并继续推动自戊戌变法时期兴起的“庙产兴学”运动。

《监督慈善团体法》第二条规定：“凡慈善团体不得利用其事业为

---

① 参见曾桂林：《南京国民政府监督慈善团体法述评》，《史学月刊》，2018 年第 2 期，第 103 页。

② 熊继宁：《钱端升及其〈比较宪法〉》，《比较法研究》，2008 年第 2 期，第 136 页。

③ 广义上，学界将清末至民国时期的反迷信思想与行动统称为“反迷信运动”，其中有代表性的是自戊戌派提出，在民国时期兴起的“庙产兴学”运动；狭义上的“反迷信运动”特指在 1928 年之后由南京国民政府发起的“破除迷信运动”。相关研究成果参见沈洁：《反“迷信”话语及其现代起源》，《史林》，2006 年第 2 期，第 30—42 页；徐志伟：《一种“他者化”的话语建构与制度实践：对清季至民国反“迷信”运动的再认识》，《学术月刊》，2009 年第 7 期，第 130—141 页；刘平：《反迷信，还是反宗教？——南京国民政府道教律令评析》，《四川大学学报（哲学社会科学版）》，2019 年第 1 期，第 63—72 页。

宗教上之宣传，或兼营为私人谋利之事业。”[①]

这部于民国十八年（1929）颁布的慈善法律中有关规范宗教活动的条文，显然受到了反迷信运动影响。作为传统善会善堂中最为重要的机构类型，佛教寺庙自古以来便是施行慈善事业的重要场所。静宁寺慈善会便是兼具宗教性与慈善性质慈善团体的典型代表，因此在反迷信运动的影响下，官方对于宗教性慈善团体的打击与控制很可能是静宁寺慈善会被查封且诉告无门的重要原因。

威远县政府对静宁寺慈善会的控告也是从《监督慈善团体法》第二条的两方面内容出发的。首先法律禁止慈善团体宣传宗教有关内容，静宁寺慈善会便不得在办理慈善的活动中宣扬佛教“迷信”，但其“宣传迷信，动称万殊归一，飞鸾降乩，广发经文……栋宇之间尚存皇图巩固、帝道遐昌等字”[②]，在诉愿书中四川省政府也以“难保不无传播迷信，淆惑听闻”“所列课程全与部章相背，教授书籍为《太岁感应篇》《金刚经》为理由驳回。[③] 事实上很难想象民国时期的佛教团体在办理慈善事业过程中毫不宣传佛教的内容，关键在于如何划清“宗教”与“迷信”的界限。问题是，国民政府对宗教与迷信没有加以清晰的区别，不顾社会现实情况，只是一味取缔、压制，最终结果往往适得其反。[④] 从申诉呈文的语气中我们仍可以感受到静宁寺慈善会的不甘：

> 试问今日在成都首善之区于政府监督下之合法慈善团体也在常办放生会、上元会、龙华会、盂兰会、冬至会等等而且仍是念经拜佛，祈神许愿，以为募捐之手段，办理施放救济事业，其他

---

① 彭秀良、郝文忠：《民国时期社会法规汇编》，河北教育出版社，2014 年版，246 页。

② 《各县呈报社会救济事业报告表、四川省府关于处理静宁寺川东南慈善会组织情形来往文件及成都慈善堂工作报告书等》，档案号：民 186－02－2751，四川省档案馆藏。

③ 参见《各县市呈济事业设施人事概况查表、与川南慈善会呈收静宁寺产业情形文件》，档案号：民 186－02－2756，四川省档案馆藏。

④ 刘平：《反迷信，还是反宗教？——南京国民政府道教律令评析》，《四川大学学报（哲学社会科学版）》，2019 年第 1 期，第 70 页。

外县可想而知。[①]

抗日战争开始后，反迷信运动慢慢停息，如静宁寺慈善会所言，多年后在其他县区的慈善活动中不免发现了“迷信”的现象。1941年时四川大旱，广元县曾贴出告示：“为俯顺舆情，上挽天心，下苏民困，除指令社坛求雨外，特令全县禁屠一日。”什邡县政府也下令社坛求雨，并告示：“敢在祈雨所籍滋扰者，定于拿办不贷，并订于6月15日起禁止屠宰，关闭南门。”[②] 多年后此种由官方主办的迷信活动可以公然举办，静宁寺慈善会却因恰好处在当年的风暴中心被查封，这似乎也只能归咎于时代了。在被查封之后，静宁寺的庙宇“交县立中学校管理，嗣后东北中学、中山中学两校迁移来县，教育部令改作校址”，这种典型的“庙产兴学”现象也恰恰印证了反迷信运动对本案件的关键影响。

其次在本案所涉及的史料中，“借善敛财”是绕不开的字眼，《监督慈善团体法》规定慈善团体不得利用慈善事业谋取私人利益，而静宁寺慈善会则被多个调查机构指控其敛财之实。威远县政府认为起先静宁寺的前身高庙子仅存“破屋一两间其他亦无财产”，自静宁寺慈善会成立后大兴土木，设立长生牌位，以致耗费数百万元财产，可见其敛财的本质。[③] 十年后四川省政府在审理中则觉得其钱财全部由自愿劝募而来，而非勒索榨取所得，不能认为是犯罪行为。[④] 按照法条规定来看，此种关键在于劝募而来的财产是否被用作了“私人谋利之事业”，静宁寺用来扩建寺庙的行为是否属于“私人谋利之事业”。

---

① 《各县呈报社会救济事业报告表、四川省府关于处理静宁寺川东南慈善会组织情形来往文件及成都慈善堂工作报告书等》，档案号：民 186—02—2751，四川省档案馆藏。

② 转引自寇耀锦：《抗战时期四川社会救济管理研究（1937—1945）》，四川师范大学2018年硕士学位论文，第72页。

③ 参见《各县呈报社会救济事业报告表、四川省府关于处理静宁寺川东南慈善会组织情形来往文件及成都慈善堂工作报告书等》，档案号：民 186—02—2751，四川省档案馆藏。

④ 参见《各县救济院慈善团体查报表、四川省属各机关讲习法规办法、江津巴县土蔡三呈横江义渡会章程公务员服务法与寺产》，档案号：民 186—02—2750，四川省档案馆藏。。

《威远县县志》曾记载："慈善会以施棺、施米、施药等笼络人心。凡入会者，捐款达到一定数额，即可将其祖宗牌位入寺，接受亡魂超度。慈善会捐款名目繁多，捐款收入，除用作寺庙整修扩建、日常耗费外，也中饱了会首们私囊。"[①] 想来即使静宁寺慈善会的行为未曾达到"敛财"的程度，其会首也做过一些中饱私囊的事情。无独有偶，同一时期成都中正慈善会也曾因"行为乖僻，借神敛财，常设乩盘"[②] 违反《监督慈善团体法》被查封。相似案件的出现表明静宁寺慈善会的遭遇并非反迷信运动下的个例，这也为重新理解反迷信运动对民国社会的影响提供了新的角度。

三、财产查没的法理与争议

从案件争议当事人的角度来看，无论进行查封或者反对查封的理由为何，争议焦点仍在于财产的归属权。在本案的争论中曾多次提到"该寺资产设有招待总务通讯等部职员慈善分会七百余所，分布川东南各县及省外"[③]，"聚男女信徒以数十万计，收入功德资金每常数千万元"[④] 等语，这反映出静宁寺慈善会的规模之大，财产之巨恐怕才是案件得以惊动各方，持续十余年的关键原因。

1936 年 8 月，经威远县政府呈报，第二行政督察区专员公署调查后以静宁寺慈善会"不曾立案""宣传迷信""借善敛财"为由，依据《监督慈善团体法》第十一条[⑤]将静宁寺查封。这场突如其来的灾祸静宁寺慈善会显然毫无准备，理事李焕章曾描述当时的场景"保安

① 四川省威远县志编纂委员会：《威远县志》，巴蜀书社，1994 年版，第 778 页。

② 《王直、成都市政府、四川省政府关于呈请撤销查封中正慈善会一案的呈、批示、训令》，档案号：民 0038—02—2249，四川省成都市档案馆藏。

③ 《各县市呈济事业设施人事概况查表、与川南慈善会呈收静宁寺产业情形文件》，档案号：民 186—02—2756，第 111—112 页，四川省档案馆藏。

④ 《各县呈报社会救济事业报告表、四川省府关于处理静宁寺川东南慈善会组织情形来往文件及成都慈善堂工作报告书等》，档案号：民 186—02—2751，第 2 页，四川省档案馆藏。

⑤ 《监督慈善团体法》第十一条规定："慈善团体如有拒绝主管官署之检查或违反第二条之规定者，主管官署得撤销其许可或解散之。"

处奉派陈参谋宏谟代队入寺，全寺人等分别扣押，翻箱倒匣，窟地无他”[①]。当时查封场面之突然与狼藉可见一斑，即使第二专区和威远县政府宣示了查封的理由，但因此便将财产悉数查没，静宁寺一方并不认可。他们认为慈善团体既然受到政府的监督，那么政府便应该依据法律积极履行职责，及时纠正本会的违法行为以求合法；然而政府之前丝毫未曾告知其有违法的迹象，就“以无稽之错误推理即将本会规模宏大之救济事业财产没收”，应当归咎于政府的行政不作为。

将庙产查封后，第二专员公署依据《中华民国民法》第四十四条[②]决定将庙宇财产由“机关团体分用，没收作公”[③]。从将财产充公的决定来看，静宁寺慈善会章程和决议显然没有对解散后的财产归属作出规定。那么依照《中华民国民法》第四十四条，静宁寺慈善会解散后的财产就应当归属于威远县（法人所在地）地方自治团体所有。但受到历史因素影响，静宁寺慈善会虽然在原静宁寺的地址上成立但并不意味着静宁寺即等同于静宁寺慈善会。在严英等人于1937—1938年间进行的两次诉愿中，唯一被改判的就是关于《中华民国民法》第四十四条的解读问题。审理诉愿的振济委员会认为“静宁寺为明代之古刹，慈善会系清季施行设立，静宁寺固有之财产，当然不在该慈善团体范围之内”，因此将静宁寺的财产全部予以没收的行为实则不符合《中华民国民法》第四十四条的规定，但也没有给出相应的处理办法，只说明应当交由“司法官署依法核办”[④]。尽管司法官署如何核办我们不得而知，但最后的处理结果必然没能让静宁寺慈善会

① 《各县救济院慈善团体查报表、四川省属各机关讲习法规办法、江津巴县土蔡三呈横江义渡会章程公务员服务法与寺产》，档案号：民186－02－2750，第106页，四川省档案馆藏。

② 《中华民国民法》第四十四条规定：“法人解散后，除清偿债务外，其剩余财产之归属，应依其章程之规定，或总会之决议。如无前项章程之规定或总会之决议时，其剩余财产属于法人住所所在地之地方自治团体。”

③ 《各县救济院慈善团体查报表、四川省属各机关讲习法规办法、江津巴县土蔡三呈横江义渡会章程公务员服务法与寺产》，档案号：民186－02－2750，第106页，四川省档案馆藏。

④ 参见《振济委员会决定书》，载《各县市呈济事业设施人事概况查表、与川南慈善会呈收静宁寺产业情形文件》，档案号：民186－02－2756，四川省档案馆藏。

一方满意，不然也不会在六年之后再行申诉了。

四、案件如何了结？——妥协之下的和解

十年之后的申诉，时任省政府主席的张群是案件再调查的坚定支持者，他亲自批示：

> 电希迅予转饬第二及第七两区行政督查专员秉公澈查，如无不法行为，应准发还被封财产，并将遵办情形，具报备核为要。①

在省政府转向支持静宁寺慈善会的情况下，案件的改判仍然遭受了难以想象的阻力。在省政府令第二专员公署进行调查时，威远县和新盛乡士绅集体给进行调查的科长郑稷熙施压。新盛乡民代表主席黄宗芝、乡长林云习、副乡长李镇光、农会理事长邱振华等政府负责人以及十余名士绅联名呈文，请求省政府严行禁制。担心新盛乡的呈文阐述不足，威远县临时参议会议长周君律、党部书记长董竞存、青年团分团主任周利群、县立中学校长林云奇等县各处机关负责人也向郑稷熙联名呈文，详列四点理由以阻止静宁寺慈善会复兴。

面对地方政府的集体抵抗，即使是省政府也不能无动于衷。案件在处理过程中，至少经过了各方的两次妥协才得以了结。考虑到案件调查时威远县政府的压力，在一年后（即 1946 年），负责处理本案的四川省政府社会处处长黄仲翔②决定：

> （一）静宁寺庙产房舍基地全部发还川东南慈善会，至器具什物，仍维持原案决定，拨作地方公益之用，免滋纷扰。
>
> （二）川东南慈善会由本府直接监管，依照管理私立救济设

① 《各县呈报社会救济事业报告表、四川省府关于处理静宁寺川东南慈善会组织情形来往文件及成都慈善堂工作报告书等》，档案号：民 186—02—2751，四川省档案馆藏。

② 黄仲翔，1939—1945 年任四川省政府社会处处长，黄仲翔及社会处为本案中后期的实际经办人。

施规则之规定，对于该会加以调整并根据本府三十五年度工作计划，指定该会办理收容救济机构一所，以资发展救济事业。①

从这个决议来看，虽然结果仍然是慈善会解封，但与张群对本案的初次指示相比，明显进行了多处妥协。首先按照法理来看，倘使认定慈善会享有财产的所有权，那么不论是庙产房舍还是器具什物均应当归还。但省政府仅决定归还房产不失为对威远县政府一方的最大让步。此外，社会处决定对川东南慈善会直接监管，这样就避免了解封后威远县政府一方与慈善会再起冲突的可能。

出人意料的是，省政府的批文并非本案的最终处理结果，批文下达威远县后遭到了威远县政府的极力反对。威远县县长黄达夫在给代主席邓锡侯②的回复中仍不想承认该决定：

川东南慈善会朦请上峰侵夺静宁寺，显无法律根据，自无发还该寺之理；临时参议会对此案决议系根据旧案仍作县立中学校址，本会既负有处分，公款公产之权一经依法处分，自无变迁余地，应函请转呈声明此点，不能交出。

从黄达夫略显强硬的语气中可以推知威远县政府对省政府决定的怨气与不满，内中事情虽难以明晰，但威远县政府与川东南慈善联合会之间的关系紧张程度可见一斑。在表达了足够的不满后，威远县政府也识趣地选择了认同省政府的处理意见，但仍对房舍归还事宜讨价还价。

本府为减少纷争，顾及双方及本县实际利益，与充分发挥该寺房舍效用起见，经拟定折中办法，交县政会议决定。权将该寺

① 《各县救济院慈善团体查报表、四川省属各机关讲习法规办法、江津巴县土蔡三呈横江义渡会章程公务员服务法与寺产》，档案号：民 186—02—2750，四川省档案馆藏。

② 民国三十五年（1946）时，邓锡侯代理四川省政府主席。翌年，行政院改组张群任国民政府行政院院长，邓锡侯正式就任四川省政府主席。

房舍地坝划作两部，中学校与慈善会各有其一部，中学部分（如附图）即由善会借用，自本年十月份起，暂定贰拾年期限，并批据善会呈遵允在案，刻正饬向东北中山中学接洽交接中，除复请县参会查照外，理合将以上各情抄同原决定书二件及慈善会遵允呈文一件、威远中学借用校址平面图一份，备文赍呈。[①]

“减少纷争，顾及双方及本县实际利益”之语也暗示了威远县政府并非法律上无言的一方，而是道义上高尚的表现。同时做主改占用为借用，仍然将一部分房舍划为中学用地。对此慈善会一方深知能够讨回部分房舍实属不易，并没有再起争端，而是认同了威远县政府的处理方式。虽难免有“和稀泥”之嫌[②]，但鉴于双方反复缠讼且背后牵连甚广，在抗日战争刚刚结束的背景下，这样处理或许是了结这场十余年纠纷的最好方式。

第三节　十年纠纷背后的世道与人情

一、静宁寺慈善会与川政统一

静宁寺慈善会从一开始便不是纯粹慈善性质的社会团体，自诞生之日起便同四川乃至全国的政局紧紧勾连在了一起。民国初年派系林立军阀割据，四川的军阀战争更是连绵不断，到 20 世纪 30 年代四川政局逐步演变成了由刘湘、刘文辉二人争雄的局面。刘文辉自 1920 年被蒋介石任命为国民革命军第二十四军军长后势力日益壮大，当时威远县正属于刘文辉的势力范围，静宁寺慈善会也自然依附于刘文辉发展。民国十五年（1926），刘文辉改“静宁寺慈善会”为“川南慈善联合总会”。设置威远静宁寺、荣县天堂寺、富顺飞龙观、富顺悠

① 《各县市呈济事业设施人事概况查表、与川南慈善会呈收静宁寺产业情形文件》，档案号：民 186—02—2756，四川省档案馆藏。

② 罗英：《民国时期四川的民间宗教与慈善事业》，载成都市地方志编纂委员会办公室：《志苑集林（4）》，四川人民出版社，2019 年版，第 72 页。

游宫、泸县黄洲馆、隆昌渡贤寺、泸县大鹏寺、泸县斗口宫和叙府灵台宫九个区办事处，直属成都复真阁管辖。[①] 民国十八年（1929）时，前二十四军税务处处长周乐天继任慈善会主席，二十一年辞卸选举。[②] 而民国二十二年（1933）恰好是历史上著名的“二刘大战”[③]结束，刘文辉败退川西的时间。刘湘统一四川后，慈善会主席也由四川省参议员、国大代表贾文秦和重庆市参议员石荣廷继任，慈善会复倒向刘湘。刘湘则将“川南慈善联合总会”改为“川东南慈善联合总会”，这便是在静宁寺慈善会被查封后，石荣廷、李焕章等以川东南慈善联合会名义申诉的原因。

当刘湘等人实现“安川”之后，却发现红军的势力已大为扩张。[④] 在此背景下，刘湘首度出川拜谒蒋介石，而蒋则派遣军事委员会委员长行营入川，并于重庆成立四川省新政府，自此实现了“川政统一”[⑤]。1936 年是川政统一后的第一年，彼时南京国民政府对于四川的控制尚未完全稳固，蒋介石则施行改革采取各种措施抑制军阀旧势力。1936 年 6 月第二区专员公署接到的密报称静宁寺慈善会有“危害社会之机兆”“危害国家和民族利益”，此中含义无疑是对四川政局斗争的影射。当案件的最终处理权交由委员长行营时，难免会考虑到慈善会属刘湘、刘文辉旧部的历史，再结合密报之内容，不难理

---

① 四川省威远县志编纂委员会：《威远县志》，巴蜀书社，1994 年版，第 779 页。

② 参见《各县救济院慈善团体查报表、四川省属各机关讲习法规办法、江津巴县土蔡三呈横江义渡会章程公务员服务法与寺产》，档案号：民 186－02－2750，四川省档案馆藏。

③ 关于“二刘大战”的研究参见柯白：《四川军阀与国民政府》，殷钟崃、李惟键译，四川人民出版社，1985 年版；黄天华：《国家统一与地方政争：以四川“二刘大战”为考察中心》，《四川师范大学学报（社会科学版）》，2008 年第 4 期，第 94－101 页；张嘉友：《西南地区现代史上最大的一次军阀混战——二刘之战述评》，《西南民族大学学报（人文社科版）》，2008 年第 11 期，第 251－255 页。

④ 黄天华：《国家统一与地方政争：以四川“二刘大战”为考察中心》，《四川师范大学学报（社会科学版）》，2008 年第 4 期，第 97 页。

⑤ 川政统一被称为“四川新旧时代之划分”，参见黄天华：《蒋介石与川政统一》，《四川师范大学学报（社会科学版）》，2010 年第 5 期，第 128－136 页。

解其训令中的“如不合法即便勒令解散，以其财产办理地方建设事项”[①] 之语。

1936 年 12 月 12 日震惊中外的西安事变爆发，蒋介石被张、杨二人扣押后，刘湘对陕变及其善后的态度，显有反对中央之嫌疑。四川关于刘湘别有企图的“川谣”四起，渝蓉两地的蒋系势力也处于高度戒备状态。[②] 当 1938 年年初，严英等人提起诉愿时正是西安事变结束，国民政府甫至重庆陪都的当口，四川省政府完全倾向于委员长行营的结论，直接驳回诉愿恐怕也有打压旧军阀势力的考量。

待到 1945 年前后石荣廷等人再次申诉之时，国民政府已经西迁重庆，当时的四川省政府主席也由蒋介石的亲信张群担任，慈善会被查封时的政治阻力已经完全消失。四川省政府在解释当时情形时也说密报只是受时局的影响而已，当时正值川中局势混乱，各自为政，有无非法行为已经难以考证。可见甚至四川省政府也自认了当年查封之举与川政统一前后的政治格局有脱不开的关联。

二、战后重建与善会复兴

民国初期无休止的军阀内耗与日军侵华带来的战争灾难，加上连绵不断的日军轰炸，至抗日战争中后期国民政府已经苦不堪言。面对源源不断的难民与灾荒，国民政府对社会救济问题空前重视，于 1941 年通过了《确定社会救济制度以济民生而利建国案》。[③] 1943 年，南京国民政府颁布了中国历史上第一部《社会救济法》，此后又相继颁布了《社会救济法施行细则》《救济院规程》《私立救济设施减免赋税考核办法》等配套性法律法规。[④] 尽管国民政府企图借《社会

① 参见《四川省政府诉愿决定书》，载《各县市呈济事业设施人事概况查表、与川南慈善会呈收静宁寺产业情形文件》，档案号：民 186—02—2756，四川省档案馆藏。

② 参见黎志辉：《川谣・川灾・川政——抗战前夕四川的统一化进程》，《抗日战争研究》，2009 年第 4 期，第 58—69 页。

③ 参见岳宗福、吕伟俊：《国民政府社会救济立法研究：以 1943 年《社会救济法》为中心》，《民国研究》，2009 年冬季号，第 32 页；聂鑫：《近代中国社会立法与福利国家的建构》，《武汉大学学报（哲学社会科学版）》，2019 年第 6 期，第 145 页。

④ 参见彭秀良、郝文忠：《民国时期社会法规汇编》，河北教育出版社，2014 年版。

救济法》建立由政府主导的社会救济管理体制，但在军费都捉襟见肘的窘境下，政府希望社会力量参与慈善救济事业，倡导地方“扶助私立救济设施，发展救济事业”①。

为响应政府号召，川东南慈善联合会在四川各县区做出了突出的慈善成绩，这也成为其要求解封静宁寺慈善会的重要仗恃。时任川东南慈善联合会理事长的石荣廷认为善会在抗战期间曾进行“五大急要事件”，分别为“建筑泸叙路大石桥”“治疗蓝田坝飞机场民工”“长庚院同缘聚庆”“悠游禅院中元会超度阵亡将士”“编印善会救济事业报告”。② 尤其是在修筑历史上著名的蓝田坝机场时，慈善会曾“经七十余日动员六十余人耗费四百余万元，救济治疗民工三万二千余名”，并受到泸县特种工程民工管理处的指令嘉奖；曾在泸县至宜宾的公路上花费数百万元修筑入胜、渡关、普济三座大桥。③

抗战结束后，国民政府为加紧战后重建专设行政院善后救济总署，又号召民间慈善团体“认今后之救济事业不可停，各项善举之不可废”④。因此不但影响解封诉求的消极因素在减弱，受到抗战期间的慈善成绩与国民政府鼓励民间慈善团体的号召的影响，案件再审的政治环境也变得更加积极有利。川东南慈善联合会在诉求中也显得更加有底气，希望威远县政府“秉承中央倡导扶助私立救济设施之主旨，完全发还”⑤。对四川省政府而言，该案如何处理已经不仅仅关系到静宁寺一地的开禁，更成为其他民间慈善团体试探政府态度的踏脚石。彼时的川东南慈善联合会经过多年发展早已不是初创时的小善

① 《各县呈报社会救济事业报告表、四川省府关于处理静宁寺川东南慈善会组织情形来往文件及成都慈善堂工作报告书等》，档案号：民 186－02－2751，四川省档案馆藏。

② 参见《关于颁布社会救济法规、嘉奖川东南慈善联合会理事长石荣廷的公函、指令》，档案号：296－014－213－195，重庆市档案馆藏。

③ 参见《各县呈报社会救济事业报告表、四川省府关于处理静宁寺川东南慈善会组织情形来往文件及成都慈善堂工作报告书等》，档案号：民 186－02－2751，四川省档案馆藏。

④ 《各县救济院慈善团体查报表、四川省属各机关讲习法规办法、江津巴县土蔡三呈横江义渡会章程公务员服务法与寺产》，档案号：民 186－02－2750，四川省档案馆藏。

⑤ 《各县呈报社会救济事业报告表、四川省府关于处理静宁寺川东南慈善会组织情形来往文件及成都慈善堂工作报告书等》，档案号：民 186－02－2751，四川省档案馆藏。

会，规模庞大，分会遍布川渝，是及需社会力量的重建工作当中不可或缺的力量，十年后四川省政府对案件审理倾向必定因此产生了变化。

三、石荣廷与案件转折

抗战后期影响案件审理的环境已经逐步倾向静宁寺慈善会加上关键人物的推波助澜，导致了案件结果发生转折。1945年，慈善会向四川省省府的再次申诉将石荣廷推向了历史舞台。石荣廷何许人也?他的一生横跨政商两界，跳跃于黑白两道之间，即使在风云际会的陪都重庆也是一方“名流”。查阅历史档案，石荣廷的身份有很多种，他是商业大亨，曾担任过重庆市商会会长，中国纺织企业股份有限公司和中国纺织企业股份有限公司渝江纱厂总经理，重庆市自来水股份有限公司总经理，天府煤矿股份公司的股东；他是知名政客，曾任重庆市议会参议员，重庆市仓库保管委员会委员，重庆浮露尸棺运埋委员会委员；此外，他更是慈善家，不仅任川东南慈善联合会理事长，更是重庆市救济院院长。[①]

1945年石荣廷曾以私人名义给时任四川省省长的张群去信希望能够准许发还静宁寺庙产，同时李焕章等人则以川东南慈善联合会的名义向四川省政府呈文请求解封慈善会财产。此后，张群给第七区行政督察专署和第二区行政督察专署下令，“秉公彻查威远静宁四慈善会所办十全慈善学校工厂悉数被查封，如无不法行为，应准发还被封

① 参见《重庆市民政局关于恭贺石荣廷升为院长致救济院的代电》，档案号：0063—0001—0034—9000—0011；《关于为参议院石荣廷住所安装电话的函》，档案号：0054—0001—00264—0000—110—000；《中国纺织企业股份有限公司关于询问让售地基面积如何计算致石荣廷的函》，档案号：0229—0001—00056—0000—087—000；《关于准予聘任石荣廷等充任重庆市仓库保管委员会委员给该委员会的指令》，档案号：0354—0001—00004—0000—008；《重庆市自来水股份有限公司关于石荣廷任公司经理、王辅廷任副经理致川东邮务管理处的公函》，档案号：0034—0002—00024—0000—049—000，重庆市档案馆藏。关于石荣廷的人物研究较为罕见，根据档案判断石荣廷是民国时期西南地区极具影响力的绅商名流。

财产”[①]，此种用语颇耐人寻味。一方面强调应当秉公彻查，但另一方面已经说明没有查出问题的话应该将财产发回。需知在1938—1939年的两次诉愿中，省政府和振济委员会甚至没有丝毫再行调查案件的意思，只是根据案件发生时的案卷材料给予定论。而第二、第七区专署在调查后的呈文中也一改案件发生时的调查结论，尽是对慈善会的溢美之词。第七区专员刘幼甫认为：“该慈善会系由地方士绅组成其宗旨目的均在为谋地方公益人群福利如赈灾济贫、疏通民困等均有事实可资证明……热心善举，实堪嘉尚，并未闻有不法行为。”[②]第二区专员田伯施则索性在呈文中表示：“慈善会被封后时经十载，环境变迁，彼时有无不法行为，年湮事久，现刻实难侦其实际，询之附近绅民保甲言人人殊，莫衷一是。”[③] 得到了第二区专署事实模糊的答复，再加上第七区专属申明的慈善会之种种成绩，四川省社会处处长黄仲翔便拟定出解封的处理办法交由张群批准。尽管在此期间，新盛乡民代表主席黄宗芝、乡长林云习、威远县临时参议会议长周君律等人曾多次呈文表明其坚决不会发还财产的立场，但张群仍然饬令威远县政府“将静宁寺善产全部发还川东南慈善会经营”。[④] 在做出该决定后，张群以私人名义给石荣廷回信两封，从回信的内容和用语中不难揣摩出石荣廷给张群施加的影响之大。

回信一：

便函　石荣廷等　社二

荣廷先生惠书具悉，慈善为□利济草著示，静宁寺善产案，业经依法决定，准将庙产房舍基地全部发还，并由政府助其发

① 《各县市呈济事业设施人事概况查表、与川南慈善会呈收静宁寺产业情形文件》，档案号：民186－02－2756，四川省档案馆藏。

② 《各县救济院慈善团体查报表、四川省属各机关讲习法规办法、江津巴县土蔡三呈横江义渡会章程公务员服务法与寺产》，档案号：民186－02－2750，四川省档案馆藏。

③ 《各县救济院慈善团体查报表、四川省属各机关讲习法规办法、江津巴县土蔡三呈横江义渡会章程公务员服务法与寺产》，档案号：民186－02－2750，四川省档案馆藏。

④ 《各县市呈济事业设施人事概况查表、与川南慈善会呈收静宁寺产业情形文件》，档案号：民186－02－2756，四川省档案馆藏。

展，除分别令饬第二区专署及威远县政府等，特告布后，又函内列衔

张

回信二：

荣廷先生执事接备

惠书就审

热心慈善、绩效弥彰，良为佩慰

承示静宁寺善产案，业经依法决定，将庙宇房舍基地全部发还并由地方政府尽力动员发展除处理情形业已分别批示外，特此□□希即，参照又函内、列衔诸先生，未另笺达，并烦费神转告为盼专此。

顺颂时祺

张[①]

张群在第一封信中告知了石荣廷案件的处理结果，又在第二封信中再次表示会尽快落实解封事由。张群在信中夸赞石荣廷“热心慈善、绩效弥彰，良为佩慰”，一方面在川东南慈善联合会善举确为显著，另一方面也表明了石荣廷任重庆市救济院院长时的贡献。虽然历史记载寥寥，但从仅有的材料中也可窥之石荣廷一生在公益慈善事业和民族工商业中的非凡成就，因此张群也对其礼遇有加。得知二人的身份与关系，再通过二人的来往信笺，不难推知关键人物对本案的推动作用。法律依据的缺陷和政治环境的变化虽然为本案由查封到解封提供了有利条件，但在讲究人情世故的民国官场，石荣廷的影响力或许是本案得以反转更重要的原因。

① 《各县呈报社会救济事业报告表、四川省府关于处理静宁寺川东南慈善会组织情形来往文件及成都慈善堂工作报告书等》，档案号：民 186－02－2751，四川省档案馆藏。

第四节　慈善立法还是慈善法制？——静宁寺慈善会产业案评析

从慈善立法来看，毫无疑问民国是我国历史上出现实质意义上慈善法律的时期。但由于中国历史上未曾孕育出现代法律中的慈善法，因而民国构建出的包括慈善法在内的社会法体系更多通过了法律移植的方式，借鉴了西方的立法经验。总体来说，在民国前期和后期，国民政府分别建立了以《监督慈善团体法》和《社会救济法》为核心的慈善立法体系，对官方社会救济和民间慈善事业做出了较为系统的规定。[①] 慈善立法体系的建立在一定程度上推动了近代中国慈善事业的发展，但慈善立法尚不能等同于慈善法制，在那个特殊的年代，慈善法律是否称得上“制”甚至更深层面的“治”值得我们透过该案件来省思。

一、慈善事业的繁荣催生慈善立法

民国是我国慈善事业以前所未有的规模和速度发展的时期，随着战争与灾害的频繁发生，慈善事业不再扮演传统社会中“配菜”的角色，而是成为维系社会稳定的主角。以川东南慈善联合会为代表的民间慈善团体为战争胜利、社会稳定与战后重建作出了突出的贡献。受到三民主义和传统儒家思想的影响，民国时期的士绅名流常常喜欢树立“慈善家”的人设。从民国“四大家族”到四川“五老七贤”，甚至包括本章提及的石荣廷，他们一面是慈善工作者，另一面是民国时期的高官、富贾、名流。在他们的影响下，慈善事业能够迅速汲取社会资源，但其中也掺杂了诸多政治经济因素。管理和控制这些慈善团体的需求催生了慈善立法。

① 参见吕鑫：《当代中国慈善法制研究：困境与反思》，中国社会科学出版社，2018年版，第88—95页。

二、慈善立法内容与立法技术存在着缺陷

正如有学者总结的："民国的慈善立法确立起比较完整、系统的近代慈善法律制度，推动了中国慈善事业法制化的进程。"[①]《监督慈善团体法》中对于立案管理制度的规定，对迷信宣传的禁止均表明了国民政府将慈善团体纳入社会管理规范的努力。但部分慈善法律中的概念模糊，法律解释缺乏，配套规范缓慢等问题成为影响法律质量的重要原因。基于立法的灰色地带，在司法案件中各方往往能够依据同一部法律自说自话，极大降低了慈善法律的公信力。

三、决定案件走向的并非法律本身

本案的处理带有浓厚的传统中国调解式结案的痕迹，除了各方陈词中引用的法律外，其本质上没有现代法律的任何特征。随着四川政局与社会环境的变迁，静宁寺慈善会产业案能够在十年之间出现两种迥异的认定结果，也反映出慈善立法的施行效果存疑。客观上是因为政治社会环境的影响，慈善立法实施的土壤已经消失；主观上是因为上到政府官员下到善会人员并没有现代慈善法律的概念。民国的慈善纠纷仍然如同滋贺秀三所言，情理是案件审断的依据。

① 曾桂林：《民国时期慈善法制研究》，苏州大学2009年博士学位论文，第242页。

第四章　宗族财产的近代化：族产诉讼的承与变

晚清以降，西法东渐，中国传统法律向近代法律体系转型，以西方法文化变通改造中国法律体系与审判结构的变革拉开序幕。面对晚清残局下的困境与危机，梁启超写下《论不变法之害》一文，描绘当时中国“瓦墁毁坏，榱栋崩折”之态势，并结合印度等国的变迁道路，指出中国已到“变亦变，不变亦变”之境遇。[①] 在生存本能与图强意识的冲击下，清政府走上了变法自强的近代化道路，一场自上而下的变革在地域辽阔的近代中国展开，首当其冲的是修订“中外通行”[②] 的律例体系。具有中国传统特色的族产法律规则，不可避免地被西方法律规则改头换面。然而，中国拥有一套不同于西方的法律文化体系，在移植西方成文法时稍有不慎便会引起水土不服的现象，这是中国在近代化道路上难以避免的问题与困境。在族产诉讼中，一方面，地方社会族产制度部分保留，传统族产习惯与文化价值在民众认知中继续存在；另一方面，族产法律规则自上而下进行变革，此次变革使传统多元的族产法律规则向单一的财产管理转型。成文法对地方实践的背离，极易引发诉讼中司法官与当事人间的观念冲突，增加族产纠纷解决难度。本章以民国时期诉讼档案为支撑，对族产法律近代化与地方实践的冲突与融合进行微观观察，为近代以来法律与地方实践的关系提供实践研究视角。

---

① 梁启超：《饮冰室文集（一）》，中华书局，1941 年版，第 2 页。

② 高汉成：《〈大清新刑律〉立法资料汇编》，社会科学文献出版社，2013 年版，第 3 页。

第一节　族产权益法律规范：多元化向单一化的转型

近代宗族起始于范氏义庄的建立，它开创了“无论嫡庶，得官者便得立宗”[①] 的新制度，形成以族谱、族产、祠堂为核心的新型宗族组织模式。宗族基于共同祭祀祖先、救济贫寒以及其他各种共同目的，会通过各种途径开创、获取、发展族产。族产包括土地、山场、祠堂、仓廪、宅居、桥渡、水利设施、工商经营等多种形式，是宗族组织稳定运行与长久发展的基础。在维护地方秩序的政治要求与地方家族敬祖收族的追求下，宗族族产逐渐被赋予了维系宗族和睦与稳定的历史使命，成为具有加强血缘向心力功能的族内共有财产。而传统中国儒家文化中“齐家”的使命感，也令民众在脑海中形成了“保证宗族的经济地位，恰如保证直系子孙的安全一样重要”[②] 的观念，族产得到民众的特殊保护。基于宗族具备的辅助中央管理地方的能力，王朝统治者在给予宗族管理者处分权力时，也会通过国家法律对族产权属给予严厉的保护性规定，以确保族产产权的稳定与宗族组织的和谐。

一、多元结构的族产规则

清政府通过圣谕与国家法律两种方式，从地方宗族组织族产管束权、处分权、身份伦理与族产权属四个方面，对族产进行多元化管理，形成了具有传统儒法文化特色的规则体系。

清政府主要通过清圣祖的“圣谕十六条”与清世祖在此基础上进一步阐释的万言长文“圣谕广训”对地方社会进行文化规训。“圣谕十六条”是康熙帝对社会风俗败落、地方秩序动荡的回应，康熙九年

---

① 朱林方：《“家”的法律构造——以范氏义庄为中心的考察》，《社会中的法理》，2014 年第 1 期。

② 陈翰笙：《解放前的地主与农民——华南农村危机研究》，冯峰译，中国社会科学出版社，1984 年版，第 34 页。

（1670），乡村呈现“狱讼之兴靡已，或豪富凌轹孤寡，或劣绅武断乡曲……仇忿之杀伤迭见”[①] 的人心不古态势，促使康熙帝采取措施对乡村社会进行治理。康熙帝一面认识到长期的贫富分化对王朝统治产生的威胁，准备重建乡村伦纪与宗族和睦之秩序，一面注意到应施行“不专以法令为事而以教化为先”治世策略，主张教化应在法令管制之前，减少“舍本而务末”的成本浪费。[②] 遵循上述结论，他于康熙九年制定“圣谕十六条”，颁行各州县，饬纪敦伦。“圣谕十六条”要求乡村应“敦孝弟以重人伦，笃宗族以昭雍睦”[③]，建立以孝为核心的家族伦理道德体系，发挥宗族团结族众、稳定乡村秩序的功能，明确了宗族的管理依据与价值理念。

在教化之外，清政府还会通过法律对族产管理制度做出体系化规定。一方面，清律确立宗族以同居共财、宗祧承嗣为主要特征的财产制度，规定财产管理权由尊长掌管，族长拥有教训约束家族共财的权力，子孙无权干涉。《大清律例》规定，在以同居共财为基本财产制度的家族体制下，祖父母父母在世，子孙不得有私财，更不得独立户籍分异财产，违反者“杖一百”，居父母丧分户异财者，“杖八十”[④]。卑幼私自擅用家中财物因违反尊长财产管理权被禁止，犯者“十两笞二十，每十两加一等，罪止杖一百”[⑤]。为了进一步稳定族产管理，减少官府诉讼压力，清政府通过条例、圣谕、告示等多种形式鼓励民间纠纷先投鸣亲族，并允许宗族施以一定刑罚。《钦定户部则例》规定“凡聚族而居，丁口众多者，准择族中有品望者一人立为族正。该族良莠，责令察举”[⑥]，赋予族正调解宗族纠纷的权力。另一方面，为了强化宗族管束族人的权威与顺民的培养程度，清律建立起一套完

① 昆冈、李鸿章等：《钦定大清会典事例》卷三九七《礼部风教》，古本。

② 昆冈、李鸿章等：《钦定大清会典事例》卷三九七《礼部风教》，古本。

③ 张廷玉等：《清文献通考》卷六九《学校考》，清文渊阁四库全书本。

④ 张荣铮、刘勇强等：《大清律例》卷八《户律户役》，天津古籍出版社，1993 年版，第 201 页。

⑤ 张荣铮、刘勇强等：《大清律例》卷八《户律户役》，天津古籍出版社，1993 年版，第 201 页。

⑥ 惠祥等：《钦定户部则例》卷三，同治十三年，第 6 页。

整的以身份为核心的权力结构，以儒家伦理关系约束族人行为。在传统社会的家族伦理关系中，子孙须遵守家长或尊长的命令，这在清律中得到认可，若祖父母父母亲告子孙违犯其教令或奉养有缺者，且教令按道德属于可遵从的，该子孙须承受“杖一百”[①] 的刑罚。族长管束权与身份性制度，使宗族在内部建立起一套管束族人的权力结构体系，成为管理族产的重要途径与措施。

在族产权属方面，清律采取保护性规则与重刑惩治两个措施保护族产，严禁私卖。乾隆年间，粮价地价上升诱发“为富不仁之徒设谋买贿嘱族中一二不肖子孙，将所欲得田产私立卖契”事件增多，因当时没有针对盗卖族产治罪的律例，族人控告到官府往往被“以例无治罪专条，随意拟结”[②]，无法取回族产。乾隆二十一年（1756），江苏巡抚庄有恭上奏请求制定“盗卖祀产义田之例”，确保族产为“合族公业”，并要求地方官令宗族将族产情况呈官府立案，如此可以警示盗卖的不孝者，宗族族产得以世守[③]，这就是“子孙盗卖祖遗祀产”例文的来源。《大清律例》增加条例将族产保护法律化，以“祀产、义田令勒石报官或族党自立议单公据”为治罪前提，对盗卖宗祠、祀产、族田行为按刑律惩处。子孙盗卖宗祠者，“杖七十，每三间加一等，罪止杖一百，徒三年”，子孙盗卖祖遗祀产至五十亩，“发边远充军”，不及五十亩者，按“盗卖官田律治罪”[④]，其中盗卖官田律刑罚重于一般盗卖田宅，一般田宅罪罚“罪止杖八十、徒二年”，官田宅者“各加二等”[⑤]。清政府以重刑威慑不肖子孙，严禁其破坏族产权属，为宗族管理族产赋予法律权威性，对地方社会宗族扩大经营族产具有极大的鼓励作用，族田发展迎来新的顶峰。

---

① 张荣铮、刘勇强等：《大清律例》卷三十《刑律诉讼》，天津古籍出版社，1993年版，第524页。

② 佚名：《皇清奏议》卷五十，民国影印本。

③ 佚名：《皇清奏议》卷五十，民国影印本。

④ 张荣铮、刘勇强等：《大清律例》卷九《户律田宅》，天津古籍出版社，1993年版，第209页。

⑤ 张荣铮、刘勇强等：《大清律例》卷九《户律田宅》，天津古籍出版社，1993年版，第208页。

随着族产的快速发展，清政府陷入税赋征收与地方治理的两大难题中，因此清政府也会对族产进行严格管束。为了摆脱征收赋税的地方主义困境，地方官府选择与当地有名士绅联合治理或委派士绅收取赋税，解决官府无法深入地方的问题；同时，清政府也以重刑惩治欺隐田粮逃避赋税者，从法律上给地方势力以威慑。欺隐田粮、不报户入册者，“一应钱粮俱被埋没，故计所隐之田，一亩至五亩，笞四十，每五亩加一等，罪止杖一百”，且未登记的土地将入官，所欺隐未缴的税粮依照“亩数、额数、年数”等征纳。[①] 对于宗族欺隐田产者，刑罚则重于一般田产。总体来看，清政府制定的族产法律规则具有浓厚的伦理属性，并在清政府与法律的认可下，形成皇权与族权共同管理的二元结构。王朝政府通过清律保护族产，同时赋予宗族内部管理族产经营与解决纠纷的权力，允许民间习惯与规则在国法体系下存在，为族产管理与发展创立了多元化的管理结构。

二、清末修律中的变与不变

“变”与“不变”是清末以后中国社会的争论焦点，这两种不同诉求均出自中国社会的现实情况。主张变的人，多数历经了两次鸦片战争失败的冲击，在与西方制度文化接触后，产生探索变法图强之路的想法，力求以西人之学文明我国。反对变法的人，也实非仅囿于自身利益而阻挡这变局，他们深刻意识到变法将面对“被利益和道德召唤来的愤怒的卫道者”[②] 的强力阻拦，而且他们清楚地指出由于中西文化的差异，新制度的建立将在中国传统社会土壤上产生水土不服的病症，引发王朝统治的崩塌与中国社会的混乱。面对“变亦变”与“不变亦变”[③] 的民族道路，清政府主动开启向日本明治维新自觉变革的学习之路，清末变法拉开序幕。

---

① 张荣铮、刘勇强等：《大清律例》卷九《户律田宅》，天津古籍出版社，1993 年版，第 204 页。

② 陈旭麓：《近代中国社会的新陈代谢》，生活·读书·新知三联书店，2017 年版，第 154 页。

③ 梁启超：《饮冰室全集》（一），中华书局，1941 年版，第 8 页。

光绪二十八年（1902）二月初二，光绪下谕令出使大臣考订各国通行律例。同年四月初四，清政府派沈家本、伍廷芳“参酌各国法律”修订本国律例，以期“中外通行，有裨治理”[①]，早日收回领事裁判权。沈家本等奉命后，延聘志田钾太郎、松冈义正、冈田朝太郎等精通法律者以备顾问，遴选谙习中西律例者负责纂辑，先后完成《钦定大清现行刑律》（以下简称《现行刑律》）、《钦定大清刑律》（以下简称《新刑律》）以及《大清民律草案》（以下简称《民律草案》）等。《现行刑律》作为“改用新律之预备”[②] 于宣统二年（1910）颁布。为避免《新刑律》的颁布给民众带来“习惯骤与之语更张，或有捍格而相不入”[③] 的观念冲突，《现行刑律》除了对清律刑罚体例与幅度进行修改外，对族产规则没有大幅度改变。至《新刑律》与《民律草案》的制定，清律中的族产法律规则才开始瓦解。《新刑律》与《民律草案》以清末沈家本主持的针对各国法律与法学著作的翻译工作为基础，大规模引入西方法律名词概念、体系体例以及法律文化，因此内容上“多直接继受外国法”[④]，体例上采纳民刑两分、以权利义务为核心的西方法律体系，结束了中国传统诸法合体的混合编纂体例。清律中的族产法律规则在《新刑律》与《民律草案》中以民、刑性质区分，在国家法层面被归入西方财产法律制度体系，其中带有礼教伦理字样的法律规则被权利义务条文替代，一套以礼法互补为原则的多元法律体系向以制定法为核心的单一法律规则转变。

在宗族族产管束权、处分权方面，《新刑律》与《民律草案》删除清律规定，将其纳入《民律草案》“家制”章节以权利义务规则予以规制，在赋予家长管束权时也通过国家的强制介入予以限制。《民律草案》亲属编规定，在家的组织结构中，“家政统于家长”[⑤]，家长

---

① 高汉成：《〈大清新刑律〉立法资料汇编》，社会科学文献出版社，2013 年版，第 3 页。

② 故宫博物院：《钦定大清现行刑律》，海南出版社，2000 年版，第 3 页。

③ 吉同钧：《大清现行刑律讲义》（卷一），1910 年版，序。

④ 谢振民：《中华民国立法史》（上），中国政法大学出版社，2000 年版，第 19 页。

⑤ 杨立新：《大清民律草案·民国民律草案》，吉林人民出版社，2002 年版，第 170 页。

作为一户之主有统摄家属之权利，家属对家长负有服从之义务。在直系亲属关系中，父母对其子享有行亲权，即“父母对于未成年子女，以身体上及财产上之监督保护为目的之权利义务之集合”[①]，包括身体与财产管理之权利义务。《民律草案》采家族主义立法原则，否定清律中以身份伦理为基础的权力结构，以权利义务为依据规制家族内部关系，家长的绝对管束权失去成文法的支持，传统的宗族内管理模式不复存在。

在族产权属保护方面，族产被纳入《民律草案》共有财产规则中予以规制，私自处分族产行为以民事行为效力规则规制，触犯刑律的以盗窃罪定罪处罚。在《民律草案》中，族产被视作共有物，各共有人对于分别共有物之全部享有使用收益权，但不得擅自处分产权。据《民律草案》一千〇四十五条第二项的规定，共有人“非经其余分别共有人之同意，不得对于分别共有物，加以变更或为其他处分”[②]，以及《新刑律》第三百八十一条盗窃族产为盗窃罪的规定，族人通过任何方式私自处分族产产权的行为为法律禁止。但由于西方轻刑主义原则的确立与传统儒家礼教意识形态的瓦解，刑律减轻了盗窃族产者的刑罚，规定在直系亲属、配偶或者同居亲属中犯盗窃与窃取共有物罪者，“免除其刑”[③]，对于其他亲属犯盗窃与窃取共有物者，定为亲告罪，不再以重刑对宗族共有财产加以保护。甚至在国家管制方面，《新刑律》与《民律草案》均删除欺隐田粮规定，结束了以重刑管制地方族产赋税的传统。

族产法律规则在清末变法修律中的转变，主要表现为宗族自我管理族产职能的淡化与族产保护力度的一般化，它依傍的是中国法律体系以家族血缘关系为基础的礼法多元法律体系，向以权利义务为核心要素的单一法律结构的转型。在19世纪与20世纪之交，中国传统社

① 胡长清：《中国民法亲属论》，商务印书馆，1936年版，第275—276页。

② 杨立新：《大清民律草案·民国民律草案》，吉林人民出版社，2002年版，第137页。

③ 高汉成：《〈大清新刑律〉立法资料汇编》，社会科学文献出版社，2013年版，第766页。

会以礼为核心的精神文化观念，因民族战败与西方民主自由观念的输入开始分崩离析。以家族性与地方性为重要特征的清朝多元法律体系，逐渐遭到西方国家与主张修律人士的质疑，最终在清末修律中被西方近代化法律体系所替代。虽然《新刑律》未及实施，《民律草案》更是未及颁布，但以“半个多世纪以来新的法文化的酝酿和法制变革为基础的”[①] 清末修律无疑成为中国法律近代化的重要开端，开创了民国法律的制定体例，传统族产法律规则的内容与痕迹在之后几十年的法律变革中进一步被西方财产制取代。

三、族产法律规则的单一化

民国元年（1912），临时大总统宣告暂行援用前清《新刑律》，要求“所有从前施行之法律及《新刑律》，除与民国国体抵触各条应失效力外，余均暂行援用，以资遵守”[②]，并于民国元年三月十日颁布《中华民国暂行新刑律》（以下简称《暂行新刑律》），四月公布删除各条，以资遵行。民事方面，大理院三年上字第三〇四号判决规定，民事法律援用前清《现行刑律》与国体不相抵触的民事部分，包括《现行刑律》中服制图、服制、户役田宅、婚姻犯奸、斗殴钱债及户部则例中的户口田赋内容。由于民国初期政局动荡，当时立法机关未能完成民事有效部分的删减与去刑罚工作，这一工作的重担被转到大理院肩上。民初大理院通过援引近代民法理念，以条文为基础结合具体案件创造出大量判决例与解释例，对民事有效部分的法律规则进行解释与应用，为民事案件提供合理的法律依据。至北洋政府成立，也“先后设立修订法律机关，从事修订，但均为草案”[③]，未经正式机关议决颁布。因此从民国元年至民国十七年，《暂行新刑律》《现行刑律》民事有效部分与大理院判决例与解释例一直为各级司法机关所适用，成为北洋政府时期的官方法律体系。

---

① 李显冬：《从〈大清律例〉到〈民国民法典〉的转型：兼论中国古代固有民法的开放性体系》，中国人民公安大学出版社，2003 年版，第 116 页。

② 杨幼炯：《近代中国立法史》，上海书店出版社，1989 年版，第 101 页。

③ 谢振民：《中华民国立法史》（上），中国政法大学出版社，2000 年版，第 18 页。

在族长对族产的管理权方面，民事有效部分继承了《现行刑律》别籍异财与卑幼私擅用财的规定，并通过大理院解释例与判决例进行补充与调整。在族产权属方面，大理院解释例与判决例肯定族产的共同共有性质，依据近代法刑民两分理念，将触犯刑法的行为交由《暂行新刑律》管辖，其余删除刑罚规定，依据民事逻辑以无效或可撤销的方式制裁，从而顺利将刑事规范转化为民事规定，并引入共有关系、无权处分等近代民法原则规制族产。《暂行新刑律》继承《新刑律》的主要内容，将族产视作一般财产，通过纳入盗窃罪等财产犯罪予以保护，并保留轻刑化特征。以一般共有关系为核心，由民法调整、刑法规制的族产法律模式逐渐形成。

除此之外，大理院还将地方习惯纳入判决，以期法律规则可与地方社会相适应。大理院判决例四年上字七七一号指出，祀产因其维持祖先祭祀职能，本应永远保全，“然查我国惯例，此等祀产遇有必要情形（例如子孙生计艰难，或因管理而生重大之纠葛），得各房全体同意时，仍得分析典卖或为其他之处分行为”[①]。大理院判决例四年上字一七七一号规定祭田处分原则上须由全体共有人同意，但“依地方旧有之习惯，或族中特定之规约，各房房长可以共同代理全体族人以为处分，抑或各房房长集中会议，可依族人多数议决”[②]。大理院通过确认地方习惯之效力，扩充民事有效部分的法律内容与例外情形，将代理等近代民法理论引进国内法律规则。正如贾晖总结，“中央司法机关大理院通过判例、判例要旨以及条理整合中国传统财产法与西方财产法”[③]，大理院通过制定判决例与解释例，增加中国地方社会与西方财产法律制度的接触，在承继清律中族产管理、身份伦理等部分规定的同时，与西方财产制度接轨。

在南京国民政府时期，族产法律规则对前述法律进行了继承与修改。1928 年，南京国民政府建立五院制，立法工作交由立法院负责。

---

① 郑爰诹：《现行律民事有效部分集解》（财产章），世界书局（上海），1928 年版，第 9 页。

② 郭卫：《大理院判决例全书》，万籁出版社，1931 年版，第 169 页。

③ 贾晖：《中国近代财产权法律保护研究》，中国政法大学 2008 年博士学位论文。

1931年，立法院推出《中华民国民法典》。为了保持法律体系的统一，立法院于1931年12月组织刑法起草委员会，开启对《中华民国刑法》（1928年）（以下简称《旧刑法》）的修正工作。刑法委员会征集《旧刑法》在各地施行窒碍之处，调查监狱运作情况，结合最新刑法学说，于1935年7月1日正式推行《中华民国刑法》（1935年）（以下简称《新刑法》）。民国《民法典》与《新刑法》兼采各国最新学理，遵从男女平等与社会本位原则，删除身份伦理性规定与族产内部的管束权、处分权。由于南京国民政府认为北洋政府时期民事"习惯及判例皆因袭数千年宗法之遗迹"[①]，决定采苏俄、瑞士等国民法理念起草《民法典》继承编与亲属编，废除传统宗族同居共财与宗祧继承法律规定，并仿照瑞士法例制定家制规定，确立西方夫妻财产与遗产继承制度。传统宗族财产管理模式被西方家庭财产制度取代。

在族产权属方面，民国《民法典》继承北洋政府时期大理院判决例，将族产纳入西方共有财产体系中予以规制。民国《民法典》第八百二十七条规定，"依法律规定或依契约成一公同关系之数人，基于公同关系而共有一物者，为公同共有人"[②]，确立公同共有法律关系以公同关系为基础。最高法院与司法院通过判例要旨与指令肯定族产公同共有性质，最高法院十八年上字第一七二号判例要旨规定"茔地为公同共有性质，非遇有必要情形经派下各房全体同意或有确定判决后，不准分析让与或为其他处分行为"[③]、十九年上字第一八一三号"族人处分祭田以共有物之常规言之……"[④]、司法院指令院字第八九五号"业经本院统一解释法令会议议决，祭产系公同共有性质，公同共有之权利义务应依其公同关系所由规定之法律或契约定之"[⑤]，肯

① 谢振民、张知本：《中华民国立法史》，正中书局，1937年版，第905页。

② 郭卫、吴经熊：《六法全书》，会文堂新记书局，1941年版，第130页。

③ 最高法院判例编纂委员会：《民国16－20年最高法院判例要旨》（第一册），大东书局（上海），1946年版，第117页。

④ 最高法院判例编纂委员会：《民国16－20年最高法院判例要旨》（第一册），大东书局（上海），1946年版，第116页。

⑤《司法院指令院字第八九五号》，载于《司法行政公报》，1933年第37期，第85－86页。

定族产的公同共有关系，并对共有的权利义务进一步明确。柯凌汉曾指出，“清代和民国初年法律未明确族产的共有人身份，以及共有人权利义务”①，该法律制定不周全之处在民国《民法典》制定后得到解决。

至此，在成文法方面，清律中从伦理文化与权利归属等多个方面建立起的族产管理规则，逐渐被以财产权利为核心的共有理论替代。在纠纷解决方面，以政治管理、法律规制、文化教化等多途径开展的多元纠纷处理方式，也在向以诉讼方式为主、地方调解为辅的结构体系转型，族产逐渐失去传统特殊地位与作用，与一般财产趋同。

第二节　民国族产诉讼特征：传统制度文化的承继

在传统宗法社会中，宗族内各成员和睦相处并非历史常态，复杂的经济来往与伦理关系所引发的纠纷时有发生。宗族为保护族产公共性质实行的多项规则，在实践中也不可能完全约束族人的意识与行为。“尽管有家法族规的严厉禁止，侵夺公产事件在宗谱中屡见不鲜，如广济卜姓‘各处祖山之地，先年各房耕种，恃强者典卖，剥祖分肥，众莫敢言。’”② 正如费孝通提出的，人类行为具有动机，表现在两个方面：一是人类行为是可以控制的；一是人类掌握着舍取的根据，其舍取的根据“就是欲望。欲望规定了人类行为的方向，就是上面所说要这样要那样的‘要’”③。当人们对经济利益的渴望逐渐超出亲情带来的温暖感与伦理道德的束缚，族产矛盾就存在爆发的可能性。在合理公平的宗族组织内，族人对公产的私有欲望会因温饱与伦理关系的束缚而降低，但当环境发生变化，族人行为舍取的根据就容

① 柯凌汉：《祭产与书田之性质》，载于《法律评论（北京）》，1948 年第 16 卷，第 7—8 页。

② 林济：《长江中游宗族社会及其变迁——黄州个案研究（明清—1949 年）》，中国社会科学出版社，1999 年版，第 81 页。

③ 费孝通：《乡土中国·生育制度·乡土重建》，商务印书馆，2011 年版，第 85 页。

易发生变动，族人对公产的私有欲望将有所改变。族产争执矛盾的存在与族产的设置及宗族权力分布态势具有因果关系。直到政治鼎革、经济变迁的民国时期，前述制度性问题依然存续在地方宗族组织中，甚至因社会风气与政治格局的变动具有加剧的态势。同时，民国时期族产的宗法寓意得以保留，族产诉讼呈现出精神与物质诉求同存的二元结构。

族产纠纷产生的根源性矛盾，是宗族公产设置的公与私问题，这个问题一直延续到民国时期。宗族族产，又称为公产，以示其与房产、家产之区别。族产多来源于上代遗留下来的绝嗣田、族人捐献或分家析产时的提留部分，本质上属于由私转公的过程。族产权利主体的非明确性与宗族内部血缘伦理关系加剧了这一矛盾。正如林济指出的，设有宗祠统管的族产，从其所有权的内在结构来看，“宗族公产之‘公’，并不是自然人共同所有，而是祖先‘私产’”①。家产向公产转化的过程导致了公产的权属具有一定模糊性，公产转型前的所有权人近支族人会认为他们也有权享有收益，这成为族产纠纷产生的原因之一。同时，模糊的族产权属与不完善的管理组织，也会成为族产管理者侵蚀族产的助推剂。清朝时期，“曹氏祠堂自康熙年建成起计至光绪末年约二百年间，经历数度兴废，最后族产几乎被经理人盗卖一空，族人乃不得不鸣鼓而攻，与之对簿公堂”②。这一现象至民国时期依然存在，据《民事习惯调查报告录》记载，“赣南各县，祠产最多……此项财团法人之设立，恒无一定规条，即有简章规条，而于经理人选定之程序及任事之期限多不注意，往往有一人而经理至数十年者，习以为常，然一经盘查，则不免引起纠葛纷矣”③，“宁都风俗大抵聚族而居，各族之中多有众会……惟规条不备，经理非人，款目

① 林济：《长江中游宗族社会及其变迁——黄州个案研究（明清—1949 年）》，中国社会科学出版社，1999 年版，第 76 页。

② 冯尔康：《清代宗族史料选辑》（上），天津古籍出版社，2014 年版，第 287 页。

③ 胡旭晟、夏新华、李交发：《民事习惯调查报告录》，中国政法大学出版社，2005 年版，第 4 页。

不清，时滋讼累，殊为可惜”[①]，此类管理者侵蚀族产事例屡见不鲜。

除了上述权属不明与管理不善问题，族产诉讼的产生还有两个主要推动因素：一是各房派间的矛盾，一是社会文化。其中房派问题在宗族管理问题上存在已久。据弗里德曼研究，“非平等地获得公共财产的利益，是汉人的大规模宗族组织的永久特点”[②]。林耀华撰写的黄家后期境遇，则进一步将该问题在民国时期的延续予以具体化呈现。在《金翼：一个中国家族的史记》一书中，东林作为黄家之主，因家族的分化与坎坷，逐渐失去在两个侄子——大哥和二哥面前的权威。大哥和二哥虽同为东林大哥东明所生，却存在多年财产分配问题。随着时间推延，大哥与二哥间因钱财和店铺股份问题悬而未决及两家多年的不断争吵，逐渐水火不容。两兄弟的矛盾与争执也使东林离开金翼之家。虽然东林的存在仍是这个家族没有分崩离析的原因，他却没有能力与精力去解决两家间多年的矛盾。[③] 宗族内不同房派之争可见一斑。

族产诉讼爆发的文化因素包括两个方面：一是族产蕴含的敬祖文化，一是社会贪图利益风气的兴起。族产具备的宗法寓意，为族人锲而不舍地保护族产提供目标与动力。范氏义庄初设族产时，便赋予族产敬祖收族与祭奠逝者的价值意义。到明清时期，宗族族产更是成为维护宗法观念的重要工具，私自侵犯族产行为属于违背伦纪之事，应受到宗族严厉惩罚。民国时期，新文化运动虽对中国传统伦理纲常文化进行追溯式批判与打击，但乡土社会的稳定性与低流动性给当地固有文化形成一层保护圈，使得宗法观念虽遭破坏，但仍然存在。在族产诉讼档案中，当事人通过语言与文字表达了对于侵犯族产行为的愤懑，透露出对于该行为伤及宗族宗法伦纪的担忧。在“朱国泰侵吞祠

① 胡旭晟、夏新华、李交发：《民事习惯调查报告录》，中国政法大学出版社，2005年版，第5页。

② 莫里斯·弗里德曼：《中国东南的宗族组织》，刘晓春译，上海人民出版社，2000年版，第95页。

③ 林耀华：《金翼：一个中国家族的史记》，庄孔韶、方静文译，生活·读书·新知三联书店，2015年版，第119—157页。

款案”中，双方因祠款问题先后向法院提交不少于十次诉状与辩诉状，而司法官前后三次批复“事甚细微”，凭该管团甲邀集族众人等妥为处理，“勿率兴讼取累”[①]。虽在司法官角度本案纠纷较小，不必讼争，但对于当事人来说实属非同小可之事。根据原告诉求，宗族祠首朱国泰有侵吞祠款行为，请求司法官审判，并先后写有“并祖先而灭之人”“垂念微宗”“以维宗法”“阁［合］族沾感戴德”[②] 等词。虽带有诉讼语言技巧色彩，但也反映出原告认为祠款涉及宗法秩序。至春祭将至，原告又向法院提交诉状，称被告灭祖宗之蒸尝，恐延误焚献事宜。因涉及蒸尝祭祀事宜，原告执意起诉。被告提起的书状与原告相同，其在书状中指责原告支借祠款不还反而将民父子、房长殴伤的行为“事关伦纪风化”，请求“究霸骗惩凶横而端伦纪”[③]。族产具有维系宗法功用的观念在他们的认知中得以保留。

民国时期的族产诉讼在承继前清诉讼起因与宗法观念时，也充斥着重利或讲权利的风气。民国时期西风东渐，新文化体系欲取代传统道德伦理文化，传统伦理道德首当其冲遭到批判。地方社会还未将新文化知识谱系普及，崇洋奢侈之风逐渐兴起。四川遂宁地方志记载，民国时期，“士农工商不安本分，以愈诡诈为愈高明。无识者见其愈欺心愈得计之侥幸，且群相效慕”[④]。在新社会结构尚未建立时，传统四民社会的崩塌解体引发了职业变革与思想变迁，秩序未定，风气渐乱。胡元义也曾对此表示不满，“现今之人，往往不问自己之需要与满足如何，务求独占多物，以表示一己之权威”[⑤]。宗族组织没能避免此风气的侵袭。其实早在晚清时期，社会风气就已存在贪图私利

① “朱国泰侵吞祠款一案”，民国荣县档案，案卷号 009—3—409，四川省荣县档案馆藏。

② “朱国泰侵吞祠款一案”，民国荣县档案，案卷号 009—3—409，四川省荣县档案馆藏。

③ “朱国泰侵吞祠款一案”，民国荣县档案，案卷号 009—3—409，四川省荣县档案馆藏。

④ 转引自贾大泉、陈世松：《四川通史》（卷七），四川人民出版社，2010 年版，第 669 页。

⑤ 胡元义：《民法物权讲义》，国立武汉大学印行，1933 年版，第 1—2 页。

的趋势。在“天津陈蓝田诉陈四等买卖坟地案”中，陈四就先后在光绪二十九年（1903）与宣统二年（1910）私卖坟地，且首次出卖即遭到陈蓝田的阻止，后经人说和，而宣统年间的再次出卖行为足见其无悔改意识。直隶高等审判厅在审判时，曾斥责陈四“贪得无厌”①。与陈蓝田案中陈四的贪得无厌相比，在“廖均廷私卖祖祠案”中，廖均廷与廖泽膏通过法律规则，以权利话语否定原告固守宗法理念行为的法律效力，维护自身权益。在法院做出不得擅卖祖祠的初次庭谕代判后，廖泽膏向法院提起辩诉，力图以法律规则说服司法官：“诚以按之法律，无明文禁卖祠业拨之事实，本地如蓝硕辅承买李姓祠堂，蓝明良承买吴姓祠堂，李吴均另建新祠，是常有此习惯。”②

在廖泽膏的话语体系中，现有法律保护的是财产交易安全，而非传统宗法理念，祠堂买卖不存在法律禁止性规定。廖泽膏等人列举大理院判决例以证明其契约在法律上实已成立，并“恳依院例予以维持契约生效”③，主张依法判决。此种懂得以权利义务规则对抗传统宗法理念的行为，成为族产诉讼新的产生因素。

族产管理中固有矛盾的延续，与族产法律规则的变革形成对比。宗族文化体系与经济体系因遭受近代化变革的冲击而产生动摇，导致家法族规与宗族命令对族人的约束力降低，族产管理的难度不断增加。在地方社会族产纠纷仍处于矛盾重重的状态时，民国时期成文法将族产纳入共有法律规则进行一元保护的趋势，提升了族产纠纷解决的难度。处于宗族失去以国家威慑力管制族产纠纷合法性的历史时期，司法机关作为族产诉讼的正式解决机构，不得不思考如何应对这场传统族产诉讼与西方财产法律体系的相遇与冲突。

---

① 直隶高等审判厅：《直隶高等审判厅判牍集要（合订本）》民事第二庭，商务印书馆，1915年版，第184—188页。

② “廖均廷私卖祖祠案”，民国荣县档案，案卷号009—3—422，四川省荣县档案馆藏。

③ “廖均廷私卖祖祠案”，民国荣县档案，案卷号009—3—422，四川省荣县档案馆藏。

第三节 族产诉讼实践态势：中西文化的冲突与回应

一、族产诉讼审理的多样化

在法律近代化进程中，司法官作为被迫“由中向西”的人，必须面对传统审判与地方管理知识体系的崩塌，接受近代法制度。面对具有传统宗法理念与特殊结构的族产纠纷，司法官必须思考如何在西方法理论下合理解决当事人的利益诉求。在诉讼档案中，多样化的审判实践成为司法官应对前述冲突的方式：其一，是以传统儒家宗法理念与传统地方习惯为审判推理依据，这类案件多分布在民国初年法院审理的案件中；其二，是将法律与传统儒家宗法理念相结合建构的两全之道，这类多在民国初年与国民政府时期的地方司法审判中出现；其三，是依据法律规则与法律精神为基础进行推理的近代化审判方式，此类以最高法院审理的案件与国民政府时期地方法院的部分案件为主。

纯道德式审判，主要指司法机关以宗族伦理道德为判断维度，分析当事人在宗族中的权利义务。在“王富贵与王牛等因吞产不分案”中，王富贵因家中贫穷，少时在外打工谋生，其两弟在家中生活。后王富贵积资买地二十四亩[①]，其弟亦购买二十余亩地。后经其父为三兄弟分家析产，并抽王富贵土地六亩作为尝田，用于生养死葬费用，所有祖产由两弟均分。除此之外，还有两亩的茔地由子孙按股均分，供子孙使用。王富贵在其父逝世后，随即向县知事提起诉讼，提出重新分割祖产，经县知事判决不得重分。王富贵不服，向直隶高等审判厅提起控诉，经司法官审理后判决驳回控诉。司法官在判决书中明确指出控告人并未对其父尽过孝道，且祖产已分割结束，无再分割的道理：

① 1亩≈666.67平方米。

被控诉人向知尽厥孝道，而王富贵只抽出六亩作为生养死葬之费用，未曾亲尽温凊定省之礼，于孝道欠缺已极，何得与其父既死之后，借口尚有祖产再行分割。[①]

类似的案件不在少数。在“天津孙福兴控孙宝仁赖地案”中，孙福兴之父遗有二十二亩土地，由孙福兴及其侄管业，其中三亩六分地由孙福兴之父让给孙宝仁之父用作居住处所。后在庚子之乱中，此地为法人所占，经交涉后给地价“每亩三百八十两”，由孙福兴与孙宝善报名注册领价。本案被控诉人孙宝仁、孙盛兴（为孙福兴堂弟侄）为原诉原告方，他们主张“此地为祖上公产，地价应归公分”，原判归孙宝仁五亩五分地、孙盛兴五分地，孙福兴与孙宝善不服提起控诉。本案核心焦点是该土地是否属于公产，司法官结合我国“隔数代而未析产者，必系同居一处”的惯例，由两造分居事实推定双方已经分家，据此否定被控诉人提起的“产业尚属公有”主张。但司法官没有依此判决孙宝仁等将地价返还，而是基于“两造谊属一家，主张权利自不应于过甚”，劝导双方各退一步。最终经控诉人同意，判决孙宝仁将三亩六分地价交与被控诉人。[②]

面对诉求复杂的案件，司法机关也会灵活运用传统道德知识谱系与西方法律规则，合理应对不同诉求。“天津陈蓝田控陈四等买卖坟地案”中，陈蓝田与陈四祖辈于前清时期共同购置一段九亩余的坟地，作为宗族公产。光绪二十九年，陈四将坟地擅卖五亩余，陈蓝田出面阻拦，经人说和作罢。宣统二年陈四又出卖三亩余，陈蓝田再次阻拦，买主李墨林诉至审判厅，审判厅判决划出一分归陈蓝田所有，其余归陈四，陈蓝田不服，提起控告。司法官认为，陈蓝田保护祖茔之心应得保护，但善意第三人李墨林已交价洋，陈四早已使用，无其他价洋可返还，李墨林的问题也要予以解决。经过分析，直隶高等审

① 直隶高等审判厅：《直隶高等审判厅判牍集要（合订本）》民事第一庭，商务印书馆，1915 年版，第 84—86 页。

② 直隶高等审判厅：《直隶高等审判厅判牍集要（合订本）》民事第二庭，商务印书馆，1915 年版，第 35—37 页。

判厅于民国三年一月做出判决，劝导陈蓝田放弃追究首次私卖行为，将三亩九分地平分给陈蓝田与陈四，以保陈蓝田守礼之心与李墨林之买卖权益。[①] 本案中，司法官以平衡与劝导为手段，在控诉人与第三人利益冲突下实现了两全之道。

族产诉讼中权属不清问题，促使司法机关灵活处理双方矛盾。民国二十五年三月，四川荣县张氏宗族张兴海等到荣县司法处呈诉，称张瑞廷与前祠首张蔚然侵占祠产，并擅自搬离祖先张整神牌，实为“置祖先不顾”的违伦行为，请求司法处“依法讯究，俾儆横逆而正风化”[②]。司法处将案件交与联保调解委员会。本案在联保处调解时，原告主张祠堂并未经众合意出卖，但无证据可证，被告张瑞廷称祠堂已经出卖，提供买卖契约，查证属实，但无提约可质。两造争议焦点为祠堂是否为张瑞廷与张蔚然串通出卖，却无证可据，无奈之下，联保办公处主任只能“劝其念系同宗”，希望通过劝导与教化方式让两造顾念同宗情谊，从而放弃“故意争执”[③]。双方表示拒绝。调解失败的同月，被告张瑞廷随即向司法处提交民事辩诉，称由于连年旱灾，宗族五房生活困难，原告张兴海很早便提出变卖公产分摊于各房，经五房商议将尝田卖去一部分，民国十八年，多数族众商议同意祠堂交与被告承买，由各房署名画押无异。惟祖牌放置地点存有争议，最终由前祠首张蔚然提议“自愿迁入己宅”，此事方得以解决。被告则主张原告所述并非属实，“实系伊等拮据无聊，向民等借贷未遂，串朦图搕”[④]，并提出契约簿据以供核实。司法处经过讯问与证据核实工作，于同年五月二日在证据不足的情况下做出庭谕代判，断令“张瑞廷所买张整蒸尝店房一所，契约上既未载有提卖”，即应照

---

① 直隶高等审判厅：《直隶高等审判厅判牍集要（合订本）》民事第二庭，商务印书馆，1915年版，第184—188页。

② “张兴海、张有文、张瑞廷、张蔚然关于祠产一案”，民国荣县档案，案卷号009—5—77，四川省荣县档案馆藏。

③ “张兴海、张有文、张瑞廷、张蔚然关于祠产一案”，民国荣县档案，案卷号009—5—77，四川省荣县档案馆藏。

④ “张兴海、张有文、张瑞廷、张蔚然关于祠产一案”，民国荣县档案，案卷号009—5—77，四川省荣县档案馆藏。

契约记载内容为事实依据，神主牌位则移至张家大祠堂内，将来“由族众协商置买店房一间，将神主移回供奉”①。至于张蔚然与张瑞廷是否侵蚀祠产，司法官要求双方凭族众审理。在判决中，司法官没有严格依据法律对此案进行裁判，一方面因为前述论及的宗族内部族产纠纷的模糊性与证据不足问题，现有证据无法支撑两造任意一方的主张，只能交由宗族自行解决，默认了宗族的纠纷解决权力；另一方面是严格依据法律做出裁判，对于张氏宗族的问题未必会有帮助，针对宗族关于神主牌位的纠纷，法律无法给出让两造更满意的结果。神主牌位是中国传统敬祖文化的产物，在民国《民法典》中没有与之相对照的法律规定。本案若适用法律规则解决，神主牌位的精神寓意将被忽略。因此，司法官结合当地习惯，告知张氏族众待渡过贫困时期，重新建立祠堂安置供奉该牌位，无须为此事争执。虽颇有无为而治的色彩，却也为张氏宗族树立了同族奋斗的目标。只是陷入经济问题的宗族是否能战胜内部分化矛盾、重拾同族情谊，并非司法机关有能力与精力思考的问题。

相较于上述审判风格，最高法院的判词明显更注重法律依据的确认与法言法语的使用。坐落于四川成都的张氏宗族，共有两房，分别为张庆远堂与张瑞福堂，两房轮流管理尝田，多年无异。一日，张庆远堂即张林氏因尝田权属纠纷提起诉讼，称尝田由该房祖先设立，设立契约中写明“仅提租谷”以作公用，主张该尝田属于自己一房私有，因不服第一、第二审判认定的事实诉至高等法院。本案与张兴海一案不同的是，张氏宗族具有充足的契约以供质证，法院依据这些证据理清本案法律事实，依法判决，从而杜绝了张庆远堂私吞公产的想法。原来早在民国十一年两造所立轮管蒸尝字据就已写明：

先祖遗留蒸尝田十四亩地，名乾坤坝……每年实纳租谷二十五石。并红契佃纸于前清光绪八年，由瑞福堂交与庆远堂暂行轮

① “张兴海、张有文、张瑞廷、张蔚然关于祠产一案”，民国荣县档案，案卷号009—5—77，四川省荣县档案馆藏。

流管理，凭同亲族在场，立有轮流管理合同。两房子孙各执为据。今遵照前议，两房轮管一年，周而复始，所由营缮赛扫均归尝田使费。①

该字据明确记载十四亩尝田为上告人一房的祖辈提出以作两房共有之尝田，非仅指租谷。司法官通过该契约以及两房轮流管理的事实，判断上告人所述并非事实，该尝田属于两房子孙共同享受，非一房可独占。且上告人未提出对裁判不服，仅对事实提起附带上告，不合程序规定，司法官在确认本案事实后，以程序不合法驳回张庆远堂的上告。② 本案中，司法官以法律规则为审理实体与程序问题的依据，并采用以证据推理案件事实、引用法律条文陈列理由的判决结构，具有明显的法律思维特征。

二、族产诉讼实践的困境

在部分案件中，司法机关的灵活审判依然无法应对族产诉讼之困境。南京国民政府时期，六法体系建立，地方实践与法律规则的错位，造成族产诉讼纠纷难以进入审判阶段。在荣县“刘锡荣诉刘品三关于祠产一案”中，清明会管理者刘锡荣以刘品三私自侵占清明会祠产为由提起诉讼，请求法院明晰祠产权属，令刘品三如数归还。但刘锡荣没有预料到，司法官以原告不适格为由驳回了起诉：

查本案讼争会田二石究归何人所有，业经派员勘明，不难判断，惟原告庭称系三房共有之清明会产。本案即不问事实如何，依法公同共有之物，公同共有人必须公同起诉，其当事人始为适格。兹原告仅列己一人为原告，显欠缺当事人适格之要件，自应

① “张庆远堂与张瑞福因求轮管尝田涉讼上告案”，载于《司法公报》，1932年第28期，第20—22页。

② “张庆远堂与张瑞福因求轮管尝田涉讼上告案”，载于《司法公报》，1932年第28期，第20—22页。

驳回其诉以符法制。[①]

根据《中华民国民事诉讼法》第53条“诉讼标的之权利或义务为数人所公同者……得为共同诉讼人，一同起诉或一同被诉”[②] 的规定，祠产作为公同共有物，诉讼人应为三房族众，刘锡荣实不具有独立起诉资格，其依从祠产管理者有权就祠产问题提起诉讼的传统认知遭到成文法的否决。随后，刘锡荣邀同三房族众提起共同起诉，并袒露其以天理人情为依据的认知方式似与法律相矛盾：

> 钧处三十一年诉字第八号判决主文开：原告之诉驳回。窃锡荣当日起诉，未声明房份协同动作。在个人意见，为保存清明会田产，亦属热心公义之一份子，于诉讼法共同条例彷有违背。[③]

此次起诉得到法院的受理。司法官在认定案件事实基础上，以物权善意占有原则为依据，判决案争祠产权属归于清明会。在本案中，从案件受理到判决，司法官始终以法律规则为审理逻辑。在受理案件时，司法官以原告不适格的程序问题驳回原告，审理案件时严格根据祠产的法定权属做出最终判决，全程以贯彻法律规则、明晰两造权利义务为审理逻辑。秉持传统审判逻辑的原告，则遭遇不合法律规定的尴尬。民国时期，西南地区经济相对安稳，乡村自给自足系统较为稳定。由于环境较为稳定和偏远，传统儒家文化价值观念依然笼罩着乡村生活。经过此次诉讼，刘锡荣对司法文化与规则的认知应该产生了些许变化。

在西式诉讼程序与传统惯例的冲突外，因管理结构的单一化，在族产诉讼遭遇司法执行失败时，当事人极易陷入走投无路的困境。民

---

① “刘锡荣诉刘品三关于祠产一案”，民国荣县档案，案卷号009－13－704，四川省荣县档案馆藏。

② 郭卫、吴经熊：《六法全书》，会文堂新记书局，1941年版，第442页。

③ “刘锡荣诉刘品三关于祠产一案”，民国荣县档案，案卷号009－13－704，四川省荣县档案馆藏。

国二十五年，在四川荣县，朱伏龙以族人朱志新等人占有结算祠款拒绝归还为由诉至法院。朱伏龙主张，被告朱海鲲、朱志新作为族产管理者，未履行按年结算向族人公示收入支出的义务，并存在吞噬祠款情形，经前县长批饬令区属调解。区调解委员会令朱志新集众清算明白，按年列表报销以清手续。朱志新未依调解，私自制造报销表一份粘贴于祠中。原告不服，再次到院提起诉讼，称被告“素行强悍、武断一乡”[①]，以致区调解会畏惧，不敢再召集双方进行调解，请求法院据传到案讯究，追偿被告吞噬的族产。该案司法斟酌两造纠纷，结合当地宗祠管理习惯与法律规定，于民国二十五年八月做出如下判决：

> 按朱志新□系朱氏祠财政管理人，对于祠内收入支出原负有向族众报销义务。如自接管以后并未按年列表报销，对于职责实有未尽。原告所请求由族长召集各房长将历年收支清算，俾释群疑，其请求殊无不合。惟族人众多，召集困难，应于冬至会期时由朱海鲲通知各房公举清算人员，将朱志新自接管之日起至清算之日止收支数目清算明晰，榜示祠内，俾族众明□情形。[②]

民国《民法典》将族产纳入西方财产制度保护后，族产在法律层面失去传统社会的管理机制与规则。为了有效解决两造纠纷，司法官灵活运用西方公同共有关系规则与地方族产管理惯例，判令被告履行清算清单义务。此判决得到被告执行，两造集众完成清单清算工作，但朱志新拒绝归还族款。原告无可奈何，于民国二十六年六月再次向法院提起诉讼，地方法院以此次无新事实为由驳回诉讼，并指派政警辅佐原告收回被霸占的族产，但现存档案显示此次执行以失败告终。近代西方民法财产制度的建立，标志着王朝体制下族产多元保护体系

---

① “朱伏龙诉朱海鲲朱志新关于祠款一案”，民国荣县档案，案卷号009－5－79，四川省荣县档案馆藏。

② “朱伏龙诉朱海鲲朱志新关于祠款一案”，民国荣县档案，案卷号009－5－79，四川省荣县档案馆藏。

的结构性式微，族产被抽离传统政治格局，成为民法典中的公同共有物。随着地方社会权力结构的失衡，司法机关也许会做出令诉讼者满意的判决，却未必有能力与时间贯彻该判决，这是西方式单一纠纷解决机制造成的困境。

近代中西法律文化与知识谱系的交汇，为司法官提出两种不同的职业操作逻辑。在上述判词中，相较于传统审判制度道德话语体系逐渐为法律逻辑推理所替代。同时，近代化法律变革也会遭遇国家与地方差异的问题，地方政府与司法机关需要缓解西方制度与传统文化在基层接触产生的影响与冲击。因此，当有顽劣族人无视族产的宗教含义与公共性质企图侵占时，其他族人也不会吝惜同族情谊将其诉至司法机关，由此产生的族产诉讼往往并非纯粹的经济纠纷，其中充斥着族人对维护宗族伦理道德的意识，这是西方民法体系不能包含与应对的。面对具有中国传统特色与内在逻辑的族产纠纷，追求有效解决纠纷的司法官会动用所学与所积累的知识体系，结合地方文化习惯解决具体矛盾。但面对族产纠纷的传统性与复杂性，程序问题与执行单一化成为族产诉讼难以解决之困境，族产法律立法初衷的实现困难重重。

第四节　近代地方司法困境：制度与实践的错位

法律近代化，是庚子之变后地主阶层寻求变法图强的重要措施之一，与早期洋务运动具有内在连续性与一致性。但相较于鸦片战争失败给国人带来的自强觉醒，庚子之变造成的是一批官僚士绅对传统制度文化的根本性质疑。在内外交困背景下，清政府下谕变法修律，以西方法律文明为蓝本、改造中华法系律例制度的近代化变革拉开序幕。法律的近代化本质上是现代化知识谱系对中国传统文化体系的冲击与取代过程。伴随着官制改革与清政府的覆灭，传统以礼为核心的政治、经济、军事体制也迎来瓦解的历史命运。地方社会以宗法理念为至上准则的宗族组织失去皇权体制的保护，其拥有的王朝体制下辅佐皇权治理地方的制度性权力面临取缔危机。然而，国家制度的变迁可采取自上而下的快速变革，文化的改造却必须经过地方社会的认可与同意方为有效。面对国家政治法律制度的体系性变迁，地方社会却未能建立主动教化乡村认识与理解西方文明的制度性组织，儒学文化仍在影响民众的思维方式与行动。偏远的内陆地区，更呈现为儒学统治为主、中西文化新旧杂糅为辅的态势。抛开对西方文明的价值评判，结合费孝通曾提出的“文明的人类如果想继续下去……收拾的方向之一，就是如何可以充分使社会收取思想与理想之利，而尽量地祛除其弊”[①] 的观点，可知中国对西方文化的学习远未达到有效文明的利用程度，中国的西方式近代化进程面临着漫长而复杂的征程。因此，在此次近代化变革进程中，中西文化的差异与矛盾引发国家立法与地方社会的错位，并在司法实践中引发地方社会多样化的回应。

此次不彻底的近代化变革，使族产诉讼陷入困境。族产诉讼的困境，本质上是在政治鼎革与法律近代化背景下，原有族产管理体制的瓦解与部分权能在法律上的失落，引发的纠纷解决机制的限缩与精神权能无法可依的尴尬境遇。司法实践的多样化在一定程度上缓解了前述困境，却对因为皇权解体、制度变迁引起的族产管理结构性失效无能为力。清末民初思想界普遍主张超越以血缘、地域的远近亲疏建立的“差等之爱”，将个人从伦理结构中解放出来，民族国家的建立方有可能。[②] “我待要山河破碎”[③] 式的变革态势必然会对宗族的宗法观念与结构性地位造成打击，族产管理与纠纷解决所依赖的以宗法礼仪为核心的政治、文化、经济系统开始瓦解。西方物权法律欲取而代之，却在忽略族产结构性矛盾与精神寓意的同时，无能力为族产管理提供行之有效的体系规则。失去多元管理结构的族产，在法律上成为普通财产，部分民众却执意维系其事关祖先不同于一般财产的观念，

① 费孝通：《乡土中国·生育制度·乡土重建》，商务印书馆，2011年版，第132页。

② 王汎森：《章太炎的思想——兼论其对儒学传统的冲击》，上海人民出版社，2018年版，第222—224页。

③ 转引自王汎森《章太炎的思想——兼论其对儒学传统的冲击》，上海人民出版社，2018年版，第222页。

不肯放弃对“侵占”者的讨伐。在族产的地方实践与诉讼中，中西文化的差异转换为中央立法与地方社会的矛盾，并以契约自由与宗法理念冲突形态呈现。接受双重话语体系培训的司法官，则以多样化的司法实践对中西冲突进行了回应。

以诉讼档案为材料探析法律近代化与社会变迁态势的关系及其理论性结论，永远都会面临特殊性与普遍性问题的纠缠。本书无意形成法律近代化与地方社会互动样态的普遍理论，而是旨在为传统与现代的冲突与回应提供一个具体的观察视角，呈现社会变迁的多样化。面对在近代化进程下存续的族产，与其用现代话语将其定位为传统宗法社会的顽固与落伍，不如回归到传统礼法制度与小农经济的中国历史中，探析其顽强坚韧的历史原因。作为传统宗法社会的重要经济来源，族产支撑着祭祀活动的开展，在经济、文化上增强族人对宗族的认同感，是影响族人行为准则与生活方式制度性结构的重要环节。在处于“儒家帝国的阴影之中”[①] 的民国时期，作为民间信仰与共有财产顽强地存续着的族产，是民众努力维系的生存机会与方式。易劳逸曾对此做出评价，政治经济的剧烈变革没有终结中国人的行为的文化基础，“这种‘未变’可惜，因为老的价值观在某种程度上与实现政治自由、性别平等所需价值观是相悖的”，但这种未变却成为中国人“最令人着迷”之处。[②]

---

① 费正清、赖肖尔：《中国：传统与变革》，陈仲丹等译，江苏人民出版社，2012年版，第433页。

② 易劳逸：《家族、土地与祖先——近世中国四百年社会经济的常与变》，苑杰译，重庆出版社，2019年版，第447—449页。

第五章　离婚裁判的近代化：生活费纠纷中的性别与家庭

在法律近代化背景与女权思潮的影响下，民国法律确认了女性在家庭场域更为广阔的权利，其中包括结婚、离婚的自由。随着“男女平等”逐步成为政治纲领与立法者追求的目标，区别于传统社会在家庭财产分配时男性主导、女性失语的局面，民国的数部法典确立了全新的夫妻间经济权利义务模式，其中既涵盖“约定财产制”“共同财产制”等规定婚姻关系存续期间双方经济格局的条款，也涉及离婚后的财产分配与夫妻间的经济义务，即赡养费、扶养费与离婚损害赔偿等内容。在司法实践中，此类案件又常以“生活费”的名义概括裁断。正因法律条文的复杂框束及规范与实践的差异，民国民法中有关夫妻间经济权利义务的概念尚待厘清，基层材料的缺失也令既有研究的结论仍具可商榷之处。同时，诉讼档案中大量生活费案件的存在证明新的法律规范与经济模式确实令女性以更为主动的姿态参与权利的争夺。相较于传统法律“把妇女视为只具有从属意志者”，民国立法者更多考虑性别因素的影响并意图助进女权。不仅裁判者能否贯彻这一意旨相当关键，女性与男性的角力结果也决定相关条款能否切实保障女性的经济权益。本书以民国荣县档案为依托，通过对生活费案件的参与者及案件执行情况的观察，为检视近代以来法律与女性权利之间的互动关系提供视角。

第一节　民国民法中的生活费条款

由于传统社会男女地位失衡，夫妻离异时的财产问题往往只涉及返还妆奁。明清律法在极特殊的情况下，规定“非理殴子孙之妇，及乞养异姓子孙，致令废疾者，杖八十，笃疾者加一等，并令归宗，子孙之妇追还嫁妆，仍给养膳银一十两”[①]。尽管在滋贺秀三的论述中，此条的适用范围可扩大至“夫有罪过而被判决离婚的情况”[②]，但所涉及的问题仅限于随嫁财产是否须被返还。其中提及的养膳银，应指被殴伤至废疾时所需费用，而非民国法律语境中因离婚所致的经济义务。明文规定的夫妻间因离婚产生的经济义务，最早可见《大清民律草案·亲属编》第1369条的相关规定：“呈诉离婚者，得准用前条之规定。但依第一千三百六十二条，应归责于夫者，夫应暂给妻以生计程度相当之赔偿。”[③] 这一颇具“过错责任”色彩的条文“兼具离婚损害赔偿和离婚后扶养的功能”[④]，因为不具有法律传统，被民国法学家认为是移植的结果。对此，赵凤喈曾有一段精妙论述：

> 至成婚后而离婚者，则历来法律除因婚姻之无效或撤销而离婚者，有返还聘财之规定外；至于法定之离婚，均不见有类似返还聘财之抚养费之明文。其所以如此者，一因中国社会责备女子较严于男子之结果，于离婚时，大半认为女子之罪过，所以不令男子负抚养费之义务；二因中国社会贱视女子之结果，每认女子为其丈夫之所有物，此可征之于法律上“出妻”或“嫁卖”之文可知。夫既视妻为所有物，则关于离婚之事，与所有人抛弃所有物（如出妻时）或转卖所有物（如嫁卖妻时）无异，双方自不生抚养费之问题。现时大理院依近世文明国家民法一般之原则，认

① 沈之奇：《大清律辑注》，怀效锋、李俊点校，法律出版社，2000年版，第768页。

② 滋贺秀三：《中国家族法原理》，张建国、李力译，法律出版社，2003年版，第530页。

③ 杨立新：《大清民律草案　民国民律草案》，吉林人民出版社，2002年版，第175页。

④ 金眉：《中国亲属法的近现代转型——从〈大清民律草案·亲属编〉到〈中华人民共和国婚姻法〉》，法律出版社，2010年版，第188页。

离婚由一早之故意或过失者，对他造应负抚养之义务……[①]

赵凤喈认为，“抚养费”被引入，是学习“近世文明国家民法一般之原则”的结果。然而近世文明国家却只强调过错赔偿，少有离婚后双方仍负扶养义务的规定。根据同时期日本学者栗生武夫的述论，日本法、罗马法、日耳曼法确实以法律形式承认夫妻间相互扶养的义务，“纵使一己之生计陷于困难，亦非尽抚养之责不可”[②]，但要以共同生活为前提。而在中国，除夫妻关系存续时产生扶助义务外，离婚以及别居（法律虽未明文规定，实践中却大量存在，有判决例、解释例予以确认）也会导致“抚养费”的产生，后者早已脱离共同生活这一前提。另一“文明国家”美国虽曾有类似过错方承担离婚后赡养费的情况，却也对法律进行修改，“纽约州议会认现行离婚法完全苛酷，已提出离婚赡养费支付者救济案……久成问题之法律此次似将改订”[③]。但是中国不仅没有“改订”迹象，反而逐步完善补充。伴随民法内容的不断调整，以及具有正式法源地位的解释例、判决例的反复阐释，负担经济义务不再以过错为要件，范围也由夫妻间扩大至家长与家属。“近世文明国家民法一般之原则”由过错赔偿被引申至离婚后赡养，在法律近代化过程中愈发具有“中国特色”，足见社会现实与习惯的深刻影响。

当时女性生计多依赖男方，骤然离婚势必引起女性生活的巨大变化，因此，虽然法条看似平允，实则更多出于照顾女性的考虑。胡汉民曾言：“本党政纲上，早已确定了男女平等的原则。世界上很进步的女权之说，我们不仅主张，而且已经力求实现。”[④] 故而要在法典中专门区隔离婚后赡养与损害赔偿，强调纵使无过失一方也要给予赡

① 赵凤喈：《中国妇女在法律上之地位》，商务印书馆，1928年版，第60页。

② 栗生武夫：《婚姻法之近代化》，胡长清译，沈大明勘校，中国政法大学出版社，2003年版，第76—77页。

③ 佚名：《美国离婚赡养费问题》，《法律评论》，1929年第6卷第21期。

④ 胡汉民：《胡汉民先生文集》（第四册），中国国民党中央委员会党史委，1978年版，第1186页。

养费。《中华民国民法·亲属编》的相关规定如下：

> 第 1056 条：夫妻之一方因判决离婚而受有损害者得向有过失之他方请求赔偿。
>
> 第 1057 条：夫妻无过失一方，因判决离婚而陷于生活困难者，他方纵无过失，亦应给与相当之赡养费。
>
> 第 1114 条：家长家属间互负扶养义务。
>
> 第 1117 条：受扶养权利者，以不能维持生活而无谋生能力者为限。
>
> 第 1118 条：因负担扶养义务而不能维持自己生活者，免除其义务。
>
> 第 1119 条：扶养之程度，应按受扶养权利者之需要与负扶养义务者之经济能力及身份定之。①

可见，立法者在设立赡养费条款时具有扶助女性生活的朴素愿望。面对世界范围内女权运动的勃兴与知识分子的舆论压迫，重新审视已将礼教纲常内化为行为准则的中国女性并反思其生存境遇成为法律不得不为的大势，故而以法律保障婚姻自由也是顺势而行。在女子就业前景不容乐观的社会现实面前，女性享有离婚自由后可能不具有相应的经济保障是立法者预先设想到的。“本法原则上本采无过失损害赔偿主义，但若无过失之一方因判决离婚而陷于生活困难者，如听其放任，势必无法救济。故本条规定他方纵无过失，亦应给予相当之赡养费。”② 以离婚后经济扶助的形式将西方法律与中国社会对接，是法律对于传播渐广的女权呼声之回应，也是立法者落实女权理论、维护女性利益的本土化尝试。

由于该条款涉及“赡养费”“扶养费”“生活费”等诸多概念，基

① 吴经熊：《六法全书》，会文堂新记书局，1935 年版，第 113 页。

② 郭卫、周定枚：《中华民国六法理由判解汇编》，上海法学编译社，1933 年版，第 560 页。

于不同情境，学界对此表述不一。郭贞娣认为，“赡养费条款将此种经济扶养关系延续到婚姻关系结束之后，而扶养条款则适用于别居的配偶”[①]，她将赡养与扶养分别对应配偶离婚和别居的情况。但事实上，民国民法条文从未做出如此区分，法条的原意是区别配偶间的赡养义务与家长家属间的扶养关系，但是实践中却常常混用，加之条款包含“妾”的相关问题[②]，基层司法中涉及配偶或家长家属间因婚姻或同居关系结束导致经济纠纷时的案件名称就显得异常混乱。许多有关赡养、扶养的案件不仅相互间“张冠李戴”，也经常被冠以“生活费”的案由予以概括。而“生活费”一词，本只出现在民国十七年解字第一四五号解释例“离婚之原因出于女子者，亦得审核情形，判给相当生活费”[③] 中用以概述这一经济关系，却在实践中被大量使用。除此以外，基层司法的案由中还有“抚养费”“给付白米”“给付黄谷”等名称。广义上的生活费案件含义更丰富，不仅包括赡养、扶养费讼争，也涉及离婚时的损害赔偿。许多基层离婚案件最后统以“断给生活费”来意指损害赔偿的经济诉求。两造的范围也不限于夫妻、

① 郭贞娣：《配偶的经济权利和义务：民国赡养案件中的婚姻概念（1930—1949）》，收入黄宗智、尤陈俊：《从诉讼档案出发：中国的法律、社会与文化》，法律出版社，2009年版，第300页。

② 在民国民法中，妾的身份被认定为家属，所以夫妾之间的扶助内容原应适用家长与家属的扶养条款，但司法中却常比照夫妻的义务进行。“至民法亲属编施行前之妾与家长虽无婚姻关系，然就其因脱离家属关系以致陷于生活困难之情形，则与夫妻离婚无异。”[吴经熊：《中华民国六法理由判解汇编（增订本）》，会文堂新记书局，1939年版，补遗31页（二十一年上字第二〇九九号）] 这也造成即便法律试图通过明确的规定区别夫妻之间的赡养义务与家长家属之间的扶养义务，但赡养与扶养在官方的法律话语中仍然混同不清的局面。如民国二十二年（1933）的判例就明确提道：“妾因判决脱离关系而陷于生活困难者，他方纵无过失，亦应准用民法第一千零五十七条规定，给与相当之赡养费”[吴经熊：《中华民国六法理由判解汇编（增订本）》，会文堂新记书局，1939年版，补遗32页（二十二年上字第一六三号）]“在亲属编施行前所置之妾，苟无过失而因与家长脱离关系，致生活陷于困难者，其家长纵无过失，亦应给与相当之赡养费，免致该妾骤然无以生存。”[吴经熊：《中华民国六法理由判解汇编（增订本）》，会文堂新记书局，1939年版，补遗32页（二十一年上字第二五七九号）] 虽然赡养与扶养混用在强调身份伦理的传统社会可能意味着“妻妾失序”的后果，然而民国从上至下的审判机构都没有表现出对这一细节的格外考究。

③ 吴经熊：《中华民国六法理由判解汇编（增订本）》，会文堂新记书局，1939年版，第560页（十七年解字第一四五号）。

夫妾，还有妾与妻、妻/妾与翁姑。故而，此条款实可统称为生活费条款，规范因婚姻、同居关系结束而引发的赡养或扶养义务问题。

第二节　生活费案件中的女性：女权话语的综合运用

白凯曾统计出20世纪40年代的离婚案件中仅有19%的女性提出赡养费要求①，但与此不同的是，同时期四川荣县离婚案件普遍涉及生活费诉求。不仅绝大多数女性主动提出的离婚案件会附加这一愿望，由男性提出离婚时，对方承担赡养费也成为女性同意离婚的条件。甚至部分别居或离婚请求的初衷可能就是为了获得一笔生活费用。这一种类的案件在四川基层的司法实践中十分普遍，民国荣县档案存有的专门的生活费案件至少有360多件，而在申请离婚或别居时附带提出生活费请求的又有近100件。

虽然法律明文规定赡养和扶养义务存在于配偶之间而不只是男性对女性的义务，但所有基层案例都显示，只有女性会额外提出生活费要求，生活费条款的主要受益者是女方。相较于立法者们对于女性处于弱势地位的认知，以及解释例、司法例所实际体现的保护女性的初衷，诉讼档案勾勒的女性形象与男权社会的刻板印象已有较大区别。女性并非总是扮演被伤害抛弃、闭塞无知的单纯无辜角色。她们恰恰懂得如何利用“性别优势”最大限度地争取利益，如何巧妙示弱以满足男权社会对于妇女的柔弱想象，进而争取法官的同情。

麦柯丽在研究中发现，清代的寡妇常常寻找讼师以提高案件的胜诉概率，“她们利用了加强性别等级的法律，并将这些法律反过来在司法场景中为她们的利益服务”②。而民国时期的女性手段已不限于

---

① Kathryn Bernhardt, Women and the Law: Divorce in the Republican Period, Civil Law in Qing and Republican China, edited by Kathryn Bernhardt, Philip C. C. Huang, Stanford University press, 1994, p. 187—214.

② 麦柯丽：《挑战权威——清代法上的寡妇和讼师》，收入高道蕴、高鸿钧、贺卫方：《美国学者论中国法律传统（增订版）》，清华大学出版社，2004年版，第576页。

通过诉讼代理人来表达权利诉求。借由晚清至民国女权理论的传播发展，不仅知识女性明了婚姻自由为权利的重要内容，[①] 底层妇女也受到影响。县域司法中女性主动提起离婚的案件数量之多正是佐证。她们不仅深刻意识到法律赋予的权利内容，更懂得借助理论武器为自己的请求增加合理性。在这些离婚、别居或是请求生活费的案件中，频频可见"恳赐察核法判，以维生计，藉彰女权事""女权得彰""以彰妇权""为彰女权"等语。提出要求是彰女权，满足夙愿也是彰女权；反之，若是诉求得不到支持便隐含着对裁判官不助进女权的道德谴责。因此，即便裁判者仍具有男权思维，女性也未必全然理解"女权"的含义，还是要在词状中将个人欲望置于时兴的权利语境之下。

此外，一些人还特别强调自己的女性身份以传达性格柔弱、易被蒙骗的信息，故有"氏乃一弱智女流倘任长此以往难堪拖累""系为妇流智识浅薄"等语，[②] 为其"不懂法律""不通法律"寻找理由。事实上，她们不但通法律，也懂得如何利用法律抗辩。在王周氏诉王子渊关于离婚一案中，王周氏的诉状就援引民法的相关规定清楚写明了不服判决的理由："查司法院十七年解字第一六号内开，'结婚离婚，绝对自由'，但对于女子，得给以相当之生活费，足见既称离婚，当亦合于民法第一千〇五二条各款之规定，始得脱离，既合脱离，当然应照院解判给以生活，原判□□□竟判无一生活费，不折服者二。"[③]

尽管书面的诉讼话语可能有专业律师的手笔而不能完全等同于女性的真实思想，一些庭讯记录仍显示出她们将生活费的诉求视为手段。在胡世容与陈光远的离婚案中，胡世容及其家人只有确认了生活费归属才愿意离婚。

---

① 可见陈利兰《中国女子对于婚姻的态度之研究》（载《社会学界》1929 年第 3 卷）的统计。

② "刘张氏诉谷白驹关于杀人一案"，民国荣县档案，案卷号 9—17—002，四川省荣县档案馆藏。

③ "王周氏诉王子渊关于离婚一案"，民国荣县档案，案卷号 9—08—702，四川省荣县档案馆藏。

问（胡世容）：你不要生活费可以和解么？

答：我请求他偿还我的生活费及还我的嫁妆。

问（陈光远）：你可以多少给他一点生活费吗？

答：他曾拿了我很多东西，现在连我母亲侄儿等生活费都无着，我实在无钱给他。

问（胡世容）：不要生活费你愿意和解么？

答：没有生活费我不愿和解。

问：（胡世容父）胡世容是否你的女儿？

答：是。

问（胡世容父）：她与陈光远的离婚事件你可以与她作主么？

答：我可以与她作主，但陈光远无故与她离婚也要给她生活费才可以。①

王周氏与王子渊的离婚案也是这样。

问：你们上诉要如何请求？

答：王周氏不愿离婚，纵然王子渊要离婚，也要拿点生活费与他。今天他不来到案，是故意拖延的，请早日判决。②

赵张氏的丈夫赵良臣提出离婚后，她先义正词严地表示："离婚结婚虽属绝对自由但其既非两愿，法院亦应稍加限制，不然婚姻儿戏，吾国固有之道德不堪维系矣。"接着话锋一转，提出"请以别居给付扶养，兹为两全之道。且下有七岁幼女相依为命，应请判决从优施恩体恤。着令被上诉人给付赡养费田业十石或相当金钱以为终身母

① "陈光远诉胡世容关于离婚一案"，民国荣县档案，案卷号 9－07－629，四川省荣县档案馆藏。

② "王周氏诉王子渊关于离婚一案"，民国荣县档案，案卷号 9－08－702，四川省荣县档案馆藏。

女生活之费"[①]。而在另一起刘张玉良诉刘其昌关于离婚一案中，刘张玉良的动机可能就是获得一笔额外收入。档案显示，她在收到刘其昌的生活费后迅速与其和好："刘其昌名下和解生活费洋五十万元正，经凭证亲领入手并无少分角仙自兹以复，夫妇和好如故，特立领约一纸为据。"[②]

当时的报纸曾称"女子们以结婚为职业，赡养费即是退职金"[③]，"因索取离婚赡养费之目的而结婚者不乏其人"[④]，乃至用"敲诈赡养费者"[⑤]予以概括，并出言讽刺："聪明的小姐，你何必这样悲伤，他既然不能爱你，离婚就好了，何况又能得到一笔很多数目的赡养费呢！"[⑥]

可见，目的不纯的赡养费请求并不只存在于四川基层。对于女性所强调的性别优势，男方也曾提出质疑。李熊氏诉李济州案即是如此。李熊氏是李济州后娶之妾，她自称不堪其妻子之虐待于民国三十年（1941）六月经族亲见证与李济州书立异居合约，由李济州每年给付生活费旧量租谷十石。然而今年李济州只付六石，故而请求其将所剩四石还清。原告认为："被告祖遗谷田四百挑之钜，何较此区区之数。"[⑦] 李济州则辩称，二人所订立的合约中早已写明"有天干水溢少以五石为限，如无收益由民酌量给与生活"等语。加之"去前两载俱属旱年，该浅松林业在三十年仅收租二石三升，三十一年仅收租七石，若迭除粮谷，该氏每年只能进五石以下之生活，民于每年犹拨□六石已属十分过厚"。因此不愿给付剩余四石租谷。然而裁判者仍以"原告系属女流自救能力薄弱兼值身怀有孕需□较多"为由"酌判被

① "赵张氏诉赵良臣关于离婚一案"，民国荣县档案，案卷号9－18－512，四川省荣县档案馆藏。

② "刘张玉良诉刘其昌关于离婚一案"，民国荣县档案，案卷号9－16－538，四川省荣县档案馆藏。

③ 江雪：《赡养费问题》，《女声》，1935年第3卷第9期。

④ 佚名：《美国离婚赡养费问题》，《法律评论（北京）》，1929年第6卷第21期。

⑤ 堃之：《法官宣言抵制敲诈赡养费之妇女》，《希望》，1931年第1卷第4期。

⑥ 宋小翔：《聪明的小姐》，《三六九画报》，1942年第17卷第12期。

⑦ "李熊氏诉李济州关于给付生活一案"，民国荣县档案，案卷号9－13－634，四川省荣县档案馆藏。

告给付原告生活费食谷三石以照平允”。对此，李济州表示强烈不满，他提出：“窃以受扶养者应受扶养程度当随负扶养义务者之经济能力状况而增减或免除……以能力论该原告正当年富力强实有谋生能力，以国家情势论则应努力工作自谋生活不容坐享其成。”认为对方年轻力壮应自谋生路，而不应借女性身份理所应当地等待供养。

民国舆论称：“现在男女平等之声浪高唱入云，男子反负此给与妻赡养费之不平等义务，实为不当。女子离婚后再婚，既得大笔赡养费，又得了新夫婿，实天下之大不平。”① 客观来论，“赡养费”的立法目的，是为女性提供生活保障，是对男女本不平等社会现状的补益。只是反被一些“聪明”女性利用。她们以“女权”为口号，对其内容进行剪裁，只希冀裁判者通过支持女性来“彰女权”而有意无意地忽视女权理论鼓励女性自立的意涵。其视野囿于如何最大限度实现个人利益，而非自主谋求女性的真正解放。她们的小聪明也体现出，女性并不都如印象般愚钝无知、处于劣势。有学者认为，“近代法律在移植西方法律制度的同时也移植了西方法律中隐藏的性别偏向……女性的语言习惯、因为社会性别分工所带来的社会经济专业知识的缺乏等等，都让女性更难适应这种新的诉讼制度”②。现实却证明，一些女性可能自发或在律师的指导下熟稔地凭借性别差异获得同情，她们不但适应了新的诉讼制度，还通过游刃有余地利用法律助进女权的意旨在生活费案件中谋求优势，从而构筑了在生活费案件中略显狭隘却又不得不为的女性的机巧策略。

第三节　生活费案件中的男性：以法律规避责任

面对女方提出的生活费请求，并非所有丈夫都会慷慨解囊。无论经济状况如何，其都会千方百计地寻找规避义务的方式。与女性利用

① 笑影：《我对于“取消不平等离婚赡养费”的意见》，《妇女共鸣》，1929年第3期，第33页。

② 杜正贞：《晚清民国庭审中的女性——以龙泉司法档案供词、笔录为中心的研究》，《文史哲》，2014年第3期。

自身性别优势不同，他们找寻法律本身的规定，借以逃避生活费的负担。因判例有“夫妇无过失一方，因判决离婚而陷于生活困难者，他方纵无过失，亦应给付相当养赡费之义务，但其数额之核定，应予斟酌养赡义务人之身分资力及养赡权利人之需要以为标准”①，所以证明自己无经济能力的“哭穷”和将对方塑造为过错方的“倒打一耙”便成为两种常用的手段。

首先是“哭穷”的策略。真正贫困的丈夫确实可以强调自己不具备养赡能力，富有之户也未必不能通过法律和习惯的差异来宣扬财产的贫瘠，这一操作的空间来源于分家习惯与婚姻法认可的个人财产制之间的冲突。“中西社会对于财产的代际传承有着重要的区别。中国主要是采取分家的方式，一旦子女成家，就在父辈生前完成对家庭财产的分配，从而实现开枝散叶般的家族扩散，而西方社会则主要是在父辈去世之后进行财产分配，而与子女本身成年成家无关。”② 从《大清民律草案》在中国的法律语言中引入“继承”一词开始，到《中华民国民法》“以西方继承法的体例，对家庭财产代际传承进行改造”③，一种生前死后的冲突在分家习惯与移植法律中逐渐形成。无论法律规定或民间习惯，传统中国的宗祧继承或分家析产，均不以被继承人死亡为要件，而移植的法律恰恰否认了生前继承的可能性。与此同时，基层社会仍延续着传统“同居共财”式生活模式，所以在理论上，子女即便成年成家也不可能从家庭资产中获得个人财产，除非以死亡为要件的继承开始。

中西财产制度差异所引发的冲突对司法实践的影响并不局限于分产、继承等案件。所有以个人财产制为前提的规范畛域都会涉及如何清楚析明家庭财产与个人财产界限的问题。婚姻法也是如此，所有规定都以默

---

① 吴经熊：《中华民国六法理由判解汇编（增订本）》，会文堂新记书局，1939 年版，第 560 页（二十一年上字第一三三号）。

② 刘昕杰：《民法典如何实现——民国新繁县司法实践中的权利与习惯（1935～1949）》，中国政法大学出版社，2011 年版，第 78 页。

③ 刘昕杰：《民法典如何实现——民国新繁县司法实践中的权利与习惯（1935～1949）》，中国政法大学出版社，2011 年版，第 79 页。

认个人财产存在为前提。甚或整部法律都在做出摆脱宗族社会的尝试，从“大家族”回归“小家庭”。然而基层社会却并非都以法律拟制的小家庭为单位运转，“同居共财”让个人与家庭的财产划分模糊不清。另外，即便社会生活中仍存在分家析产的实践，法律上也已经杜绝了财产生前转移的可能。所以财产的归属是被广泛利用的抗辩理由，经济优渥的一方在面对生活费请求时常常理直气壮地表示财产并不属于自己，从而逃避赡养或扶养义务。程辜玉常诉程仲良关于生活费一案即展示了被告程仲良如何依靠习惯与法律的冲突为自己谋求利益。

此案原告程辜玉常称：“我嫁与程仲良已九年，生一子，仲良近日娶一妾，与我反目”[①]，二人已别居。因无生活能力，“迫而告请判给异居生活各费”。程辜玉常唯恐被告“拉杂陈词，所有产业，大抵隐匿不报，冀图规避”，因此将自己所知的田产一一上报。她认为，程仲良家共有田产一百二十六石，仲良可分割田租四十石，因此请求判给生活费二十石。程仲良则表示：“虽民父置有微末产业，但继承尚未开始，民无一石所有之可能，该原告伪词朦告，欲图分产，以供其自由滥败”，不愿付给生活费。被告之父程瑞之作证时也称本案被告是伊子，“但继承尚未开始，业权非属所有人”。审判官黄予言注意到，财产是否程仲良个人所有为争议核心，而继承尚未开始，程仲良没有取得个人财产可能性的答辩从法理上又无可挑剔。因此庭讯时，法官希望依照民间习惯确认财产归属，于是问：“分家无有?”程仲良答：“还无有分家。”司法处派员调查时发现，程家田业的佃户“均予不免碍难取具正式证明”。故而取证也是现实的难题。

经过重重调查与反复盘证，最终司法处判决：“被告应将其产业内划拨（旧量）十石以作原告生活用度，诉讼费用由被告负担。”理由是：“原告呈请判决给付生活费自属有理，但查被告父母俱在弟兄四人，所有田产经本处派员查明共计只有八十六石，租益应予酌判被告在其产业内划拨十石以作被告生活用度。”程仲良的策略虽未完全

---

① “程辜玉常诉程仲良关于生活费一案”，民国荣县档案，案卷号 9－12－199，四川省荣县档案馆藏。

奏效，但也提示了裁判官注意区分家庭与个人财产，一定程度减轻了自己的赡养义务。

第二种方式则是通过道德污名的方式将对方塑造为过错方。这种做法不仅有法可依，也因性的隐秘性难以辩驳，同时又因社会对女性贞节的苛刻要求而占据道德高点。大理院的判例载明："因故意过失致婚姻应离者，负抚慰他造之义务"①，"请求离异之一造，如离异之原因不能归责于他一造者，对他造应负抚慰之义务"②，民国民法第1056条的规定也与之类似。于是常见女方以男方"遗弃""重婚"等原因起诉离婚后，男方反指女方通奸在先致使感情破裂的例证。例如刘林氏诉刘仲权一案中，刘林氏称自己"经张吕氏介绍再醮与刘仲权为妻"③，但刘仲权完全否认了此种说法，反诬刘林氏为青楼女子，与人通奸是惯习：

> 问：你何年娶林氏为妻？
>
> 答：无所谓娶，林氏是一青楼浪嫚女子，廿五年与奸夫三裹肚在南门外被联保拿获处罚，我因青年惜花心切，不该怜念林氏与他有染，自研识以来家庭闻我与妓女同居将我逐出，彼时林氏与我情感深厚，同居至今我无异心。
>
> 问：你因何遗弃他？
>
> 答：我并未遗弃他，是伊淫心未□与原来情人往还，本年二月自□搬出去。

刘仲权还说："同居未久林氏旧性难驯，每于深宵往龚某家男女聚读数夜不归，民苦劝不听，今正晋城又与一般滥娼往还，经警察而

① 吴经熊：《中华民国六法理由判解汇编（增订本）》，会文堂新记书局，1939年版，第560页（三年上字第一〇八五号）。

② 吴经熊：《中华民国六法理由判解汇编（增订本）》，会文堂新记书局，1939年版，第560页（十七年上字第七〇八号）。

③ "刘林氏诉刘仲权关于生活费一案"，民国荣县档案，案卷号9－09－504，四川省荣县档案馆藏。

拿获剃头游街示众”，仿佛自己全然无辜，二人感情破裂俱由刘林氏“不守妇道”所致。

又如王傅德筠与王煜修离婚案中，二人已被判离婚并由王煜修承担一笔不太多的生活费。王煜修仍不死心，又以新事实为由提起控告：“据时间之考核，该被抗告人先有奸非事实，然后发生请求离异之案，不然，本案判决之未确定，该王傅德筠之与刘四方，擅敢公然公开仪式而为重婚之事实，当经抗告人于威远县图家桥捕获，扭交警局，再有警局转送司法处检察官办理在案，经均有卷，足供调核，令本案既发生新事实及新理由，事实证据，均属确切，除另案请求法办外，依法提起抗告前来，理合粘请钧院检齐本案卷件，依法申送抗告法院考核，准予废弃错误之原判决，另为适法之裁定，用昭折服，而便遵照。”[①] 胡仙芝案中，她的丈夫也“以诱奸诬告……妄捏攀诬，意图朦蔽”[②]。

与法律规定的夫妻间互负扶助义务不同，实践中只有女方提起生活费之诉。即便男方指出女方的过错也只是为了逃避或减轻自身的扶养义务而不是运用“权利”将生活费要求转嫁到女方身上。这可能是经济分工与社会心理所致。相较于女方的“卖惨”，男方的“哭穷”显然更具法律依据，道德污名也让女方百口莫辩。女性利益的保障本仰赖两性通力合作，男方却找出种种理由拒绝施以援手。两性固有的相处模式与经济方式被打破，女性可能从传统的压迫环境转向新的局促境地，因而立法者试图以法律的形式对女性的生存窘境予以强制救济。只是复杂的现实却证明，不是所有美好的初衷都能顺利实现。男方紧密围绕法律与习惯冲突展开的抗辩恰似以彼之矛攻彼之盾，而女方的技巧则明显寄希望于情感的倾斜。在双方的利益争夺中，赡养费条款立法目的能否实现的问题又被转移给基层裁判者。

---

① “王煜修诉王傅德筠关于离婚一案”，民国荣县档案，案卷号 9－21－509，四川省荣县档案馆藏。

② “胡仙芝诉李仕和关于离婚一案”，民国荣县档案，案卷号 9－24－074，四川省荣县档案馆藏。

第四节　生活费案件中的裁判者：超越同情的平衡

尽管生活费条款名义上是双方共同负担的义务，但考虑到中国社会的实际情况，这一法律实际上仅是女性权利条款。对于生活费案件的裁决，裁判者不仅需要从双方的诉讼技巧中抽离真相，也需审慎对待其中的性别因素。基层裁判者是上下一心“力求实现世界上很先进的女权之说”①，还是仅将生活费案件视为复杂政务中的普通类型，其实是立法目标能否最终实现的关键环节。换言之，法律赋予女性诸多权利，基层的司法裁判者也要予以贯彻，才可能使助进女权的法律与女性的现实生活发生联系。

既往研究中有观点认为，女性提出生活费请求获得胜诉的比例并不高。李红英曾指出：“离婚的女方虽然按照法律规定也能获得相应的赡养费，但是其条件比较严格，所以在实践中获得赡养费的并不是很多。”② 也有学者将女性能否胜诉归结于其所处的社会阶层，如郭贞娣认为，“阶级和地位具有真正的决定性，出自名门望族的妻子固然可以成功地获得经济上的救济，而处于较低阶级的大多数妻子则通常无法获得对自己有利的经济判决”，并在此基础上细化案由对判决结果的实际影响，“在那些获得胜诉的扶养费和赡养费案件之中，单纯由不可容忍的虐待案件所引起的非常罕见”③。然而基层司法的生活费案件中表现出来的，则是大比例的女性都获得了法院的判决支持，并且与案由、女方的社会地位和经济状况并没有明显的关系。换

① 前引胡汉民：《胡汉民先生文集（第四册）》，中国国民党中央委员会党史委，1978年版，第1186页。

② 李红英：《从事实别居到法律别居：清代到民国时期夫妻别居的权利与义务》，收入黄宗智、尤陈俊：《历史社会法学：中国的实践法史与法理》，法律出版社，2014年版，第147页。

③ 郭贞娣：《配偶的经济权利和义务：民国赡养案件中的婚姻概念（1930—1949）》，收入黄宗智、尤陈俊：《从诉讼档案出发：中国的法律、社会与文化》，法律出版社，2009年版，第301、305页。

言之，不仅富有的女性可能获得生活费，贫穷的女性同样会得到有利判决。男方的出轨行为会让法官支持女性的诉求，虐待、不堪同居、遗弃等理由同样具有胜诉的可能性。女性的身份（妻或者妾）也不具有关键的影响力。

在统计的案例中，女性获得生活费判决的比例在90%以上。由超高的胜诉比很容易得出司法者因秉承儒家对女性的矜恤传统而报以格外优容与同情的结论，或是承认他们也受到了法律助进女权的鼓励。然而综合所有因素我们会发现这一结果并不能以简单的“同情”二字概括，原因在于裁判者几乎采取了相同的策略与应对模式，即在两造间求取平衡来处理生活费案件。他们既不会因为女性的哭诉（生活无着、惨遭抛弃）而完全满足她们的诉求，也不会完全无视她们的要求，即便有时双方的状词都是合理合法的，依然会有“各打五十大板”的判决结果。

表5—1简要统计了一些女性诉求标的与实际所得情况[①]：

表5—1

案名	诉求	结果
范周玉芳诉范福寿	十二石	三石
程辜玉常诉程仲良	二十石	十石
刘林氏诉刘仲权	一千元	六百元
李熊氏诉李济州	四石	三石
张应青诉张李德玉	四百元	三百元
左周氏诉左泰阶	二千元	八百元
蒋李氏诉蒋弗康	被告所有三百石，酌量判给	每月三石

① 以上案件分别引自：“范周玉芳诉范福寿关于别居生活一案”，民国荣县档案案卷号9—24—054；“程辜玉常诉程仲良关于生活费一案”，民国荣县档案案卷号9—12—199；“刘林氏诉刘仲权关于生活费一案”，民国荣县档案案卷号9—09—504；“李熊氏诉李济州关于给付生活一案”，民国荣县档案案卷号9—13—634；“张应青诉张李德玉关于扶养生活一案”，民国荣县档案案卷号9—09—503；“左周氏诉左泰阶关于婚姻一案”，民国荣县档案案卷号9—03—722；“蒋李氏诉蒋弗康关于给付生活一案”，民国荣县档案案卷号9—09—578。以上均为四川省荣县档案馆藏。

可见，在生活费案件中，不论请求生活费的一方是否真正“生活无着”，负有经济义务的一方又是否一贫如洗，都不会影响裁判官判令男方负担赡养费，但判决结果却不完全支持女方的要求。即便双方都可以找出判例进行对抗，以使对方成为法律规范中的不适格主体，但这种判决结果看起来似乎并不需要完全符合法律的适用条件。于是就有了“藉由权衡以达成社会和谐”[①] 的景象。

在判词中，不乏“教谕式的审判”，如“查一夫一妻法有明文纳妾延嗣早经废止，立法备极平等，各国均称允洽。被告既娶王傅德筠于前，复接饶李二氏于后，醋海生波势所难免，意志不调破裂堪虞。号云不孝有三无后为大，但春不下种苗从何生?”也有对双方经济条件的考虑：“张李蓬仙籍隶蓬溪，距家千里，一百五十元之款，不过勉敷旅费，其赡养费部分显属无着……其赡养费一项论情尤应□厚”“未斟酌被告范献廷家庭状况与负担能力”“就现有资产状况支出二千元之赡养费必至自己之生计陷于艰窘”，更多却是“酌判被告给付原告生活费食谷三石以照平允”的平衡策略。

尽管判决结果中男方普遍需要承担女方的生活费，但并不能简单地因此得出裁判者对女性格外同情的结论。这可以从两个方面分析，裁判者之所以做出如此裁决，首要是考虑到社会的实际情况，即受经济习惯影响，妇女能从事的职业有限，其谋生方式少于男方、劳动能力逊于男方，因此在女性骤然脱离家庭后，需要必要的经济支持。其二则是因为，尽管法律规定了夫妻间种种财产制度，在现实生活中基层女性的收入仍全部归家庭支配。“农村妇女目前的经济状况是……她们没有独立的财产，即使她自己的劳动所赚的财产，也列在丈夫的名下。”[②] 而离婚时，罕见女性按照法律规定的财产模式提出分割财产的要求。因而这笔名义上的生活费，表面上看是对今后生活的赡养、扶养费用，实则包含了共同财产处置、离婚过错赔偿及将来的生

---

① 岸本美绪：《导言》，收入邱澎生、陈熙远：《明清法律运作中的权力与文化》，联经出版事业公司，2009 年版。转引自刘昕杰：《实用型司法：近代中国基层民事审判传统》，《四川大学学报（哲学社会科学版）》，2011 年第 2 期。

② 郭箴一：《中国妇女问题》，商务印书馆，1937 年版，第 161 页。

活扶助等多方面的费用。故而无论如何，只要女方提出要求，法官一般都会予以认可。而认可也是本着平允的精神，以修复女性在婚姻中的天然劣势。如若裁判者完全怀有对女性的同情与矜恤，那么其裁判大可以明显倾向女方，同意女方提出的所有要求，而不是普遍予以削减，哪怕男方具有雄厚的经济实力。立法中所谓助进女权，其实是着意推进男女平等。司法中看似支持女权的裁决，也只是为了平衡利益。

清代以来的基层民事司法的裁判与审断问题曾引起法律史学者长期的讨论，滋贺秀三、寺田浩明、黄宗智等学者都试图阐明基层裁判官的审断逻辑。当性别因素渗入案件的审理时，往往用儒家思维中对弱者的矜恤来解释女性获得的有利结果，如赵娓娓认为："裁断者对于'事涉妇女'的确表现出格外的谨慎，而所言'务存一分宽厚之心，妇女颜面最宜顾惜'正道出此种审慎态度之缘由。"[①] 问题在于，当男女平等被作为司法指针，并且有了新的女权理论充当工具时，这种理应"发扬光大"的照顾女性的思维是否还应继续存在。仅以生活费案件的裁断来看，基层的裁判者并没有显现出对性别因素的重视和对女性的特殊同情。平衡的策略既出现在有女性参与的案件中，也出现在没有女性参与的案件中。生活费案件与他们处理的千千万万不同类型的案件一样，需要考虑到各方面的错综利益与现实生活的情形，而不会因为一方是女性就产生明显具有偏向性的结果。女性看似在判决中处于优势一方，但这一地位并不是裁判者的同情带来的。她们只获得了原本就属于自己的份额，而没有受到特殊的照顾。基层的裁判者并不会刻意注意所谓的男女平等，只是因为法律有了赡养费的规定，他们基于法律又在一定的裁量范围内一如往常般平衡双方的利益，依照现实情况，做出尽可能公正的裁决。

① 赵娓娓：《审断与矜恤——以晚清南部县婚姻类案件为中心》，法律出版社，2013年版，第221页。

第五节　裁判后的执行难：女性谋求生活费的真正难题

白凯及郭贞娣认为，高昂的诉讼费是阻碍妇女进一步谋求权利的主要原因，许多女性因此望而生畏，“甚至在那些符合法定条件而可以寻求获得赡养费的妻子中间，大多数人也没有选择提出这类主张。这很可能是因为一个要求金钱给付的主张将会引发额外的诉讼费用，而她们无力负担这些支出”①。民国荣县档案却显示，讼费并不足以成为阻挡女性提出诉讼的主要原因。诉讼费是否高昂还需讨论，即便讼费不能被承受，她们也有至少三种方式规避：延缓缴纳，待取得生活费后补足；请求判决被告负担；声明自己无力缴纳，请求司法救助。

在荣县生活费案件中，提出生活无着而缓缴或申请司法救助的女性占两成以上。这也从侧面说明，尽管可能无力支付诉讼费用，女性仍然会提出诉讼。而通过诉讼获得金钱的实际支持恰是解决生活难题的重要手段。如前所述，大比例的女性获得了判偿，那么要求生活费的主张会是一项低成本高收益的投资，并且投资的本金很可能由对方承担，讼费便不再是万千阻碍中的主要原因。例如张李蓬仙诉张李德玉生活一案中，张李蓬仙表明自己“经济困难裁费无出，一切生活用度皆由借贷而来”，恳求“准予依法救助”时，裁判官随即派员调查，证明属实后，他批示：“该张李蓬仙既无资力缴纳裁判费，并往保甲长协证属实，准予救助，仰候传讯察夺。此批。”并在最终的判决中判令“诉讼费用被告承担”。②

郭贞娣指出：“在直接起诉离婚和要求支付赡养费或者起诉别居

---

① 郭贞娣：《配偶的经济权利和义务：民国赡养案件中的婚姻概念（1930—1949）》，收入黄宗智、尤陈俊：《从诉讼档案出发：中国的法律、社会与文化》，法律出版社，2009年版，第303页。

② “张应青诉张李德玉关于扶养生活一案”，民国荣县档案，案卷号9－09－503，四川省荣县档案馆藏。

和要求支付扶养费的案件中，如果未能足额向法院支付所需的全部诉讼费用，那么法院将以程序原因为裁定撤销起诉"[①]，并以此作为女性因诉讼费用无法使案件进入裁判程序的现实因素。实践中的确有因未缴纳诉讼费用而被撤销的案件，然而这仅是裁判者依照法律程序做出的裁断，并不能推论出撤案全然由原告穷困导致。如朱吴氏诉吴应柏关于生活费一案中，朱吴氏被丈夫砍伤后离婚，随即要求提供生活费。此案因朱吴氏逾两月不缴诉讼费而被裁定驳回，然而朱吴氏很快言明自己只是忘记缴纳而非故意拖欠，"仰即明白补正并缴纳裁判费"[②]，请求再次启动司法程序。郭贞娣还认为诉讼标的门槛也增加了维权的难度，"在法院强制规定了最低诉讼费用的给付要求时，那些寻求获得相对数额较少的赡养费或扶养费的妻子们也会被拒之门外"[③]。实践中也的确有这样的例子，王罗德章的上诉正因此被反驳。"由上诉人给付被上诉人谷十石七斗业经本院嘱托四川荣县司法处查明，该谷在起诉时每石值法币四百元，是上诉人对于原法院维持第一审判决之判决提起上诉其所得受之利益显系不逾万元，依上说明其提起之上诉自非合法。"[④] 但民事诉讼法的相关条文只规定了二审的最低标的而从未针对相关基层案件，"对于财产权上诉讼之第二审判决，如因上诉所得受之利益不逾五百元者不得上诉"[⑤]。因此一起普通的案件即便标的不高也会被受理。

以上案例表明，诉讼费并不是阻碍女性在生活费案件中获得实际利益的主要原因，至少不是最主要的原因。真正的难题实则来源于案

① 郭贞娣：《配偶的经济权利和义务：民国赡养案件中的婚姻概念（1930—1949）》，收入黄宗智、尤陈俊：《从诉讼档案出发：中国的法律、社会与文化》，法律出版社，2009年版，第303页。

② "朱吴氏诉吴应柏关于生活费一案"，民国荣县档案，案卷号9－09－505，四川省荣县档案馆藏。

③ 郭贞娣：《配偶的经济权利和义务：民国赡养案件中的婚姻概念（1930—1949）》，收入黄宗智、尤陈俊：《从诉讼档案出发：中国的法律、社会与文化》，法律出版社，2009年版，第303－304页。

④ "王罗德章诉王刘碧梧关于生活费一案"，民国荣县档案，案卷号9－12－201，四川省荣县档案馆藏。

⑤ 吴经熊：《六法全书》，会文堂新记书局，1935年版，第407页。

件判决之后的执行。无论男方经济条件如何，一旦被判给付生活费，都会百般拖欠，反复告争。大比例的执行困难才是生活费条款没有能够为女性提供支持的现实原因。

在荣县生活费案件中，判决最终得以执行的比例不超过三成。绝大多数判决因为当事人坚持不履行而基层司法机构又缺乏相应的强制执行力，而长久处于有判决无执行的尴尬局面。执行难的原因一方面固然是普遍经济困难，可以想见，在偏僻的底层乡村，即使是男性一方在维持自我生计方面也力不从心，更无法保障支付女性的生活费。例如左周氏诉左泰阶关于婚姻一案中，被判负担赡养费的左泰阶“受天旱及预征粮税负债已至银一千三百余元钱一万三千余钏，所余资产已属无几”①，同时“同居亲属尚有尊属卑属七八人”，“尚应扶养全家之生活，何能负担赡养义务”。裁判者根据实际情况降低了他的生活费，然而由于左泰阶经济情况的限制，即便反复讼争，左周氏始终无法得到判决应得的赡养费。

另一方面，一些有经济能力的当事人也长期拒不执行判决。如在梁龙氏诉梁学海关于请求生活费一案中，判决虽明确“被告给付原告母子生活费洋四百元，诉讼费用由被告负担”②，然而拥有“滥保丘瓦厂头及罗家塆相联十余业田产”，每年“共收谷租三百余石”的梁学海，却迟迟不履行判决。梁龙氏认为，相比梁学海的庞大产业，“区区之数不难即缴”，对方却拖欠给付，二十日限期已过，仍“违抗不遵缴”，以致梁龙氏“母子口粮断绝，受饥寒之迫，朝夕难过情惨痛急”，因此请求强制执行及救助。执达员詹春和与队丁饶锡如随即凭票传讯梁学海，令人意外的是，梁学海虽然署名签字却用诈计脱逃。詹春和的报告中写道：“伊称无钱缴送达等费，该学海又称出外借钱缴费，随警进城候审。殊伊一去未归，不知逃□何处，至临期无从送审。”梁龙氏闻讯气愤异常，认为是“办公舞弊”，故意放走梁学

① “左周氏诉左泰阶关于婚姻一案”，民国荣县档案，案卷号 9－03－722，四川省荣县档案馆藏。

② “梁龙氏诉梁学海关于请求生活费一案”，民国荣县档案，案卷号 9－08－631，四川省荣县档案馆藏。

海，裁判官也只得无奈批示“已再勤传矣”。后来梁学海被找到，被“收入看守所追缴仍然不缴”，梁龙氏屡次呈交诉状，控告梁学海“拖延至今”，以致“临时生活朝夕无度”，然而裁判官却毫无办法。碍于司法资源与技术手段均有限的现实情状，执行难题往往不了了之。所以不仅梁龙氏，许多获得胜诉结果的女性都不得不再三请求，“煜修虽表面承认但前拖后扯总不按月给付，曾经叠凭街邻茶论可查”[①]，反复词讼极大地消耗了她们的精力，但这一情形始终无法得到改善。

第六节　余论

晚清以来的中国法律近代化进程中，立法者意图以具有权利法形式和人道意涵的法律制度取代固有伦理法，以此生成新的社会秩序，从而使家族本位逐渐向权利本位过渡。女性的利益作为其指向的主要对象，在父权与法权，家族与国家间反复摇摆。因此，即便女性在家庭场域获得了婚姻自由、继承权利等较之前更为广阔的权利，也不意味着她们拥有真正的独立与自由。回归现实生活后，法律能否保障权利的最终实现，这些权利又能发挥多大的效用，其情形不容乐观。

生活费条款制定的初衷，在于为骤然从家庭中脱离出来的女性回归社会提供缓冲，是立法者在社会习惯与移植法律间求取的平衡。但这一本心究竟保护了女性还是加剧了女性的附庸地位，从而将她们推向了更不平等的境地，还要结合社会的实际情况进行具体考察。生活费案件显示出，法律与女权的互动情况非常复杂，身处其中的每个角色都具有多重面向。首先，当事人并不是任人摆布的木偶。女性懂得利用性别优势和曲解权利理论为自己博得同情，并非都如印象中那样软弱可欺。男性也不会配合实施，他们找到法律与习惯的冲突之处巧妙抗辩。其次，司法裁判者并未展现出对法律精神的看重而对女性施以格外的矜恤与同情。尽管女性普遍获得了胜诉的结果，但这不过是

① “王煜修诉王傅德筠关于离婚一案”，民国荣县档案，案卷号 9－21－509，四川省荣县档案馆藏。

裁判者平衡策略的体现。最后，执行困难是阻碍女性获得实际支持的原因，而不是以往研究所认为的诉讼费。因此，至少在生活费案件中，意图为女性提供现实利益的法律并没有令她们获得预想中的保障。

诚然，诉讼档案（而且还是个别地方基层的档案）并不能反映当时女权问题的全貌，但至少提供了观察基层女性境遇的视角。评价近代以来法律与女性权益的关系，不能简单地得出肯定或赞扬的结论，认为民国法典扩张的女权是亘古以来的巨大进步，也不应止于探究权利形式及内容的进退，即她们得到了何种自由又失去了哪些隐形保障。而要更进一步地讨论，司法实践中女性是否能运用法律赋予的权利并让权利发挥改善生活的实际作用，意在保障女性利益的法律是否与女性权利的最终目标一致，是否真的助进她们实现了性别独立与自我解放。如若不然，是立法的本意出现偏差，司法中未见执行，还是现实生活遇到阻滞？置于民国时期的语境，权利的意涵究竟是帮助女性获得现实保障还是长远的独立地位，这些都值得反思。女性不是被塑造的形象，只是令人惋惜的是，无论自身的智谋程度如何，其最终的命运仍不可避免地被大势影响，而不是掌握在自己的手中。

第六章　庙产纠纷的近代化：新繁县的僧法钲庙产与民间信仰的失落

第一节　问题的提出

1935 年年末，以周耀光、周世龙等为代表的周氏族人因龙藏寺脚庙观音院（周氏族人称之为周家庵）部分庙产纠纷，将其主持法钲诉诸新繁县政府，他们认为："周家庵田乃先人遗留私产，历年招僧焚献，何尝稍失主权。"① 而事实上，法钲是因先前与教育局涉讼，遵令将争议庙产拨归教育局充作教育经费，故此时法钲反诉道，该院早在光绪十六年即由周氏先祖周发祥"捐施"，而这一捐施行为实乃"出于信仰"，且历代僧人对该处庙产的经营管理传承有序，则周氏族人强调的"寄附施者之主权"实际上早已灭失。② 尽管新繁县政府于 1936 年 4 月的判决确认了龙藏寺对观音院的所有权，然而纠纷并未因此而平息。相反，周氏族人与法钲因观音院的权属纠纷问题走上了旷日持久的诉讼之路。此后，此案历经新繁县、成都地方法院、四川高等法院，甚至惊动了战时迁至武汉的最高法院，也并未得到妥善的解决，而时间也从 1935 年延宕到了 1939 年。

通观现存民国新繁县全宗司法档案，有涉庙产或宗祠的案件并不鲜见，而此案似有相当的代表性。1935 年至 1939 年，新繁档案中共

---

① 《为私割盗卖侵占地权誓死难甘再恳主究事周耀光等告僧法钲刑事诉状》，档案号：159—5—787，四川省成都市新都区档案馆藏。

② 《为措词诬告遵批补具刑状恳请作主依法澈底讯究事僧法钲再反诉周光耀刑事状》，档案号：159—5—787，四川省成都市新都区档案馆藏。

存案卷1174卷，涉及庙产和僧人的案件共29件，占有记载的诉讼纠纷总量的2.47%，而同时期民间最为常见的买卖纠纷案件只有47件，相较之下，涉庙纠纷的数量不可谓不大。本属方外之人的庙产和受族人敬仰崇拜的祠堂竟有如此多的纠纷，似并非“常态”。尽管庙产纠纷并非民国时期特有的社会现象，至少通过对四川省南部县清代全宗档案中目录一至目录九的案卷中共存档4507卷（包括部分非讼档案）的初步检视，涉及庙产或涉僧案件已在清季渐成增长之势，但有如民国新繁县在短短几年间发生近三十件此类案件且诉讼时间长达几年、案件涉及面广至社会各个层面的情形却并不多见。这种情形提示我们，自清末民初以来的社会转型过程中，宗教以及民间信仰也在其中悄然发生着变化。本章所述案件现存档案四册，案卷约十万言，其典型性与复杂性可见一斑。此案似可能对民间宗教信仰渐趋式微的变化有所展示。

第二节 外护的离析：变革与利益

据根本乘经典记载，“居士”一词原本与印度种姓制度有密切关联。[①] 而今日汉传佛教则将“居士”理解为居家修习佛法之士，这一理解较印度原始佛教显然已有较大转变。不仅如此，随着《华严经》《宝积经》特别是《维摩诘经》等大乘经典的翻译和流传，汉传佛教中听闻正法乃至修行成就的善财童子、胜鬘夫人和维摩诘居士等，亦大多为在家人形象。因而，由在家人优婆塞、优婆夷二众形成的居士团体扮演的角色在汉传佛教中就日益重要。是故任继愈先生认为居士“对佛教起着羽翼作用”。[②] 居士被认为是正法的“外护”，而“居士

① 《佛说长阿含经》卷六云：“佛告婆悉吒：有四姓种，善恶居之。智者所举，智者所责。何谓为四？一者刹利种，二者婆罗门种，三者居士种，四者首陀罗种。”据此，似可将“居士”种理解为四种姓中的吠舍种姓。参见《大正藏》，0001号，01卷。

② 任继愈先生认为在正常交往下，佛教势力由三个层次构成：（1）中心层为僧团；（2）居士；（3）普通信众，而居士佛教处在中层，它承上启下，对佛教起着羽翼作用。参见潘桂明：《中国居士佛教史·序言》，中国社会科学出版社，2000年版，第2页。

佛教”也逐渐成为佛教中国化的一项重要内容。在该案中，周氏先祖将该庵产业捐与僧人，“恐后裔滋事，复写木牌悬于佛殿内，其中有云假公济私，天诛地灭，损神利己，子绝孙亡；正直无私，诸神保佑，护持三宝，子贵孙荣等誓”①。周氏祖上一方面告诫子孙不得于此庙产生私心杂念，一方面还寄望于子孙秉承自己的意愿，继续护持三宝，并以此善举祈祷三宝保佑其“子贵孙荣”。可以想见，将观音院捐出的周发祥不仅在思想上笃信佛教，而且于行动中捐业建庙，一位外护正法的居士形象跃然纸上。

及至周耀光、周世龙一辈，周氏族人对佛教的态度已与其祖上大相径庭，甚至发生了根本性转变。他们对法钲等僧的控诉，表面上着重在历次审判过程中多次指出的寺僧“不守清规”，而实际上则更加强调在法律关系上，周家一直未曾丧失对周家庵的“主权”，认为法钲将观音院拨归教育局是“私割盗卖”，侵犯其族人的合法权益。法钲等僧人的行为不仅在出世间的戒律或道德上遭到否定，更在调整世间社会关系的法律上处于不法。周氏族人在指控理由上的侧重，即从宗教向世间法律的转向，既体现出民国时期西方式法治化的大势背景，也在于其时的人们对佛教的态度或观念上的转变。在诉讼中，周氏族人便常流露出对僧人的行为“心实不甘”② 以及“僧人无用”③的说法，且言语之中处处流露出对出家僧人乃至对佛教的不满和鄙夷，其“不恭”似乎早已不顾祖上“天诛地灭，损神利己，子绝孙亡”的诅咒。

尽管周氏族人试图通过对僧人的犯戒和违法证明指控或维权的正当性，然而案件的实际情况远非如此。一直挥舞法律和道德的“大棒”来指斥僧人的周氏族人，在诉讼中的种种言行显得尤为吊诡，案件变幻不定的表象后处处透露出周姓对僧人乃至整个佛教的“不恭”。

在案件的标的上，本案涉及的标的当属周氏先祖所捐土地无疑，

① 《为措词诬告遵批补具刑状恳请作主依法澈底讯究事僧法钲再反诉周光耀刑事状》，档案号：159—5—787，四川省成都市新都区档案馆藏。

② 《审判笔录》，档案号：159—5—787，四川省成都市新都区档案馆藏。

③ 《周氏族人呈文》，档案号：159—5—793，四川省成都市新都区档案馆藏。

而关于该宗土地的大小，周氏族人的态度前后截然不同。1936 年 1 月，民国新繁县政府做成的生效判决中对该案的缘由这样描述：

> 被告僧法钲之先师雪堂、融琢，于清光绪十六年顶接县属观音院（又名周家庵）并田产一百八十余亩，内有自诉人先祖周环所施田产三十余亩。[①]

足见在初审时，无论是原被两造还是新繁县政府，都认定该案标的为“三十余亩”。由于该判决并未对双方的所有权争执作出实质性裁决，而是出其不意地判决“僧法钲、周耀光、周世龙、周明星均无罪”。周氏族人对此显然并不满意，并于 1936 年 2 月上诉至四川成都地方法院。该院以新繁县政府未经“正式审判”为由，将此案发回新繁县审理。[②] 在县府再次审理的过程中，周耀光一度宣称其先祖周发祥“将河坝地方一百多亩，施舍在该庙子”；但当法钲答辩中坚持周发祥所施土地为三十八亩时，周耀光却又旋即表示“无异”，并当堂画押。[③] 至同年 5 月 11 日，该案再次被周耀光上诉至成都地方法院时，辄宣称“前清时代旧有水田二百余亩”全捐为修建周家庵。[④] 此后，周氏族人便坚称自己祖上捐出的是二百亩水田，而此前诉求的三十八亩“河坝地方”却只字不提。

在发动案件的主观动机上，周氏族人也是一变再变，其中不乏慷慨激昂之辞。在新繁县政府审理阶段，他们以法钲违法侵权且不守清规为由，表明自己被逼无奈而赴案告诉。虽其诉讼请求因为于法无据于理不合未获支持，周氏族人却并不死心，为达目的，他们竟于 1937 年以抗日救国的名义作伪，并宣称：

---

① 《新繁县政府刑事第一审判决书廿四年度初字第二号》，档案号：159－5－787，四川省成都市新都区档案馆藏。

② 《地方法院承请依法审理公函一件》，档案号：159－5－787，四川省成都市新都区档案馆藏。

③ 《审判笔录》，档案号：159－5－787，四川省成都市新都区档案馆藏。

④ 《为判决错误实难甘服依法提起上诉恳予调卷依法主究以维主权而昭折服事周耀光等民事上诉状》，档案号：159－5－789、790，四川省成都市新都区档案馆藏。

近值国难日急，有毁家纾财者，凡属有价□卷一切财产均可缴纳，以救国难。我周家庵田亩本属祖遗义产，以之救国，义何孰大，与其供淫僧等之无限悬壑，不若悉数捐输，充作国用。①

周姓在此处将法钲归于“淫僧”，使之与“救国”对立，以期通过四川抗敌后援会之手向法钲索要观音院庙产。至此，一面是诉讼的渠道，一面是以抗日救国之名倾轧，周氏族人为观音院庙产可谓不达目的誓不罢休。其实，周姓对此处庙产觊觎已久，早在光绪三十二年（1906），周姓就有人攻击僧人之“无用”，借当时盛行的“寺产兴学”之风②，行索要寺庙产业之实。他们说：

现在学堂为新政急务，县中设立小学堂筹费甚艰，据各学办学章程多提庙产，意盖为置田养无用之僧人，不如立学培有用之子弟……俾合族邻近子弟得所作育，期垂久远，上以副国家造士之良模，下以继先祖作人之善志不独。③

他们当时的伎俩就被学务处的批词一语戳穿：“远年施主后裔，往往藉端觊觎庙业，假公济私，徒滋扰累。”④ 通观全卷，在争夺庙产的过程中，周氏族人屡败屡战，其动机也被种种借口逐渐拔高，从光绪朝的寺产兴学到民国时期的维护自身权利，再到捐产抗日救国。即便如此，冠冕堂皇的言辞也难掩其真实意图。其实，早在新繁县政府初审之时，周耀光及其族人兴讼的目的就很清楚。一方面，“虽□他的所有权，每年他又付我谷子十石，他卖田未通知我们是我们不甘

① 《照抄周耀光等向四川抗敌后援会朦捐周家庵田产作抗敌后援会经费呈文并训令一件，附抄周耀光等变造伪约一件》，档案号：159—5—793，四川省成都市新都区档案馆藏。

② 参见徐跃：《清末庙产兴学政策的缘起和演变》，《社会科学研究》，2007年第4期。

③ 《周氏族人呈文》，档案号：159—5—793，四川省成都市新都区档案馆藏。

④ 《周氏族人呈文》，档案号：159—5—793，四川省成都市新都区档案馆藏。

心的”。简言之，他们清楚观音院已被先人施出且所有权业已丧失，法钲将地捐出又使周氏失去了每年固定的粮食收入，自然不甘。另一方面，围绕龙藏寺主持法钲划拨先人田土的行为，周耀光认为“龙藏寺僧产很多，不划拨其他田产，独划我们先人所施田产，又未通知我们就秘卖田业，有埋殁先人施田善意”①。而此话细细咀嚼又有两层意思：其一，法钲主持的龙藏寺土地本多，只要划拨土地之事不有损周氏利益，原本可以相安无事；其二，既然已经损害了周氏利益，自然要想办法挽回，况且，龙藏寺有这个财力。后者甚至可以看作是周耀光等官司屡败屡战的原因之一。

从周发祥的施舍土地到周耀光等人的缠要庙产，确系一个家族的转变。这一转变并非信仰的单纯转变或消解，而与现实利益息息相关。在该案发生的时代，现实世界的深刻变化使佛教不仅开始丧失周发祥这样的虔诚居士，也使周家这样的民众开始公然地鄙薄甚至欺凌佛门。失去了民众的信仰和崇敬，不仅佛教失去了羽翼的保护，僧团这个佛教的组织核心也被直接卷入激烈的社会变革与动荡的时局之中。

第三节　内护的尴尬：坚持与无奈

佛教法脉与戒脉之传承有赖僧伽，故受戒僧人之职责则是内护正法。也正因为如此，僧宝才堪为皈依对象之一。而当民间信仰佛教的基础于混乱的时局中逐渐崩塌，外护正法的居士渐次离析之际，僧人对庙产的固守乃至对佛教信仰的持守就成为佛教文化在基层延续的重要动力。在此案诉讼过程中，针对周氏族人的无理要求，龙藏寺主持法钲的陈述与抗辩主要表现在法律与信仰两个层面。

对一起官司而言，法律层面上的陈述与抗辩无疑最为重要。首先，就将观音院拨归教育局充作教育经费这一诉讼导火索而言，法钲强调拨归观音院于法并无不合，他说：“因教育经费不敷，我们遵省

① 《审判笔录》，档案号：159—5—787，四川省成都市新都区档案馆藏。

府的令”才作划拨，[①] 其所为自然有规范依据。其次，法钲对周氏族人的各种说法也给予了反驳。例如，针对周氏族人捏造的“招僧焚献”一说，法钲则举出各种证据说明，通过“顶替”僧人已获得观音院所有权；针对周氏族人莫须有的“二百多亩”水田的诉请，法钲的答辩则更为有力：

> 我们庙上前经团首丈量过了的，共有□□八十几亩。他主张二百多亩，田在那里呢？就依法律解释，赠与永久失其所有权，设或善意占有卅多年亦取得所有权了，还有一点，赠与人是周长兴，他们现时说是周桓，一时说是周天铭，而年载亦说得不对。他是否是周长兴子孙，还无从认定。[②]

需要强调的是，此时周耀光等人已将案件上诉至成都地方法院，并聘请律师李永质为其诉讼代理人，而法钲则仍然是只身应诉。此答辩中，法钲不仅运用民国民法中的“取得时效”制度强调其对观音院的所有权，并对上诉人的主体资格进行了质疑，还用“团首丈量”的事实说明了对方将诉讼标的捏造为二百亩水田的荒谬性。无论此番言论是出自法钲自己的手笔，还是他“咨询”其他法律人士的结果，法钲作为一名僧人能在法庭上清楚地说出这段法言法语，已是颇不简单。让周氏族人更为恼火的是，法钲有破有立，还在法庭上出示了有力的权属证明。在1939年此事闹到最高法院后，法钲强调道：“周姓无管业凭证，庙上有红契、田赋证、粮票足以证明主权属谁也。”[③] 以不动产登记原则视之，庙上的所有权获得确认自是没有问题。

就全案审理过程来看，很难用脸谱式的符号概括法钲的性格特征。一方面，他对观音院权属的主张和坚持随处可见。例如，周姓在

---

① 《审判笔录》，档案号：159—5—787，四川省成都市新都区档案馆藏。

② 《言词辩论笔录》，档案号：159—5—789、790，四川省成都市新都区档案馆藏。

③ 《僧法钲为撮要答辩抄呈本庙系地方中之古刹非周姓私有各种证据请求详细考查以凭更审驳回上诉保护僧人庙产事辩诉状》，档案号：159—5—793，四川省成都市新都区档案馆藏。

新繁县政府甫一告状，他立即就提起了反诉。又如，当周耀光提出龙藏寺产业甚多，为何独独先拨归周氏先祖施出的土地这样的质疑时，法钲却并未基于其对观音院"主权"的确信而以"这是在行使权利，与周姓无关"之类的法律表达进行抗辩，而是从事实层面表达了自己的想法，即龙藏寺拥有主权的同时，周姓的确就三十八亩地有一定权利，但"因粮款甚重，一年十征，僧实在垫不起了，方提拨在教育局"①。由此可见，法钲的言说颇为真实，其对庙产乃至佛教的维护也早就在长期的诉讼过程中得以体现。而另一方面，对周姓乃至四川省各界抗敌后援会反复攻击法钲"不守清规，嫖赌盗卖，无所不至"② 的说法，法钲只是缄默置之，并在上诉审中恳请成都地方法院"究奸截讼以重主权而维佛教"③。言下之意，法院维护龙藏寺对脚庙观音院的合法"主权"，就是对佛教的维护。至于法钲戒行是否清净，已不可考。但他曾于 1940 年在龙藏寺传戒，或可成为其在戒律操守上的佐证。④ 试想，周氏族人对并不存在的观音院"主权"尚可编出一堆证据，若法钲果真有如此违反戒律的行为，为何案卷中不见任何证据？也许法钲戒律清净，对此种污蔑无须回应；也许法钲认为，只要法院维护了主权，就等同于维护了佛教的声誉。

事实上，从成都地方法院开始，各级法院的判决一再确认了龙藏寺对观音院的所有权。法钲的一再坚持为龙藏寺赢得了法律上的支持。然而，法钲基于信仰的驳诘也使自己陷入重重尴尬之中。

虽然佛教并未明确禁止僧人涉讼，但从出家具戒的本意，以及《普门品》中"诤讼经官处，怖畏军阵中，念彼观音力，众怨悉退散"⑤ 和《药师经》中"若诸有情，好喜乖离，更相斗讼，恼乱自

---

① 《审判笔录》，档案号：159－5－787，四川省成都市新都区档案馆藏。

② 《照抄周耀光等向四川抗敌后援会朦捐周家庵田产作抗敌后援会经费呈文并训令一件，附抄周耀光等变造伪约一件》，档案号：159－5－793，四川省成都市新都区档案馆藏。

③ 《僧法钲为飞涉朦控已熄复炽恳决截讼事民事状》，档案号：159－5－789、790，四川省成都市新都区档案馆藏。

④ 冯修齐：《龙藏古寺》，四川人民出版社，2001 年版，第 26 页。

⑤ 《大正藏》0262 号，09 卷。

他，以身语意，造作增长种种恶业，展转常为不饶益事，互相谋害”[①] 等记载的旨趣看，佛教认为诉讼争斗乃怨怼所成，于众生无益，自然属于僧人应当避护的情况。由此观之，法钲参与诉讼虽属被动，但其积极应诉的姿态却给人留下了此僧擅讼的印象。更为重要的是，当寺庙财产的宗教光环逐渐褪色，直至成为僧俗两界反复博弈的现实利益时，佛教本身的神圣性或被信仰的思想基础就已然处于被消解的过程中了。虽然说近代化或现代化进程中隐藏了祛魅的历史必然，但它之所以能在佛教上表现出来，盖确与此进程中僧人的行为有涉。例如，1937 年 8 月，新繁华严寺僧明禅因庙产纠纷与吸食鸦片等事状告僧意良、僧意安，通过新繁县政府的审判，僧人的不轨行为得以证实。几乎在法钲案件发生的同时，同在新繁这一地域，这样涉僧涉庙的案件还有数起。这种现象的存在，一方面为周姓族人捏造道德问题提供了现成的舆论基础。僧人群体形象的不良社会刻画使僧人行为的社会观感和舆论评价自然与方外高人的理论想象相去甚远。而一旦僧人阶层的戒行受到整个社会的质疑，那么社会基层的佛教信仰势必从根本上开始失落。另一方面，这也使法钲对龙藏寺“主权”的维护，只能从信仰层面退缩到法律领域。面对当时某些僧人的不轨行为，善讼的法钲在信仰意义上泛泛而论的“维佛教”则显得十分尴尬，面对佛教信仰在民间中的失落，法钲似已有心无力。

第四节　社会的嬗变：国法与沙门

在周氏族人与法钲等僧关于观音院的庙产纠纷中，原告周氏族人中周耀光、周世龙、周明新、周善良四人职业横跨“学界、农、商”。[②] 社会角色如此复杂多样的一群人，究竟如何形成了捏词妄控索要庙产的合意，并为何在屡次诉讼失利之后一计不成又生一计，今

① 《大正藏》0450 号，14 卷。

② 《为判决错误实难甘服依法提起上诉恳予调卷依法主究以维主权而昭折服事周耀光等民事上诉状》，档案号：159—5—789、790，四川省成都市新都区档案馆藏。

日的确不得而知；然而这至少说明了一点，即周氏族人在此案中不仅仅代表了一个家族的名义，或可视作社会各种力量的缩影。因而，此案不仅在很大程度上真实反映了特定历史时期佛教内部僧人与居士乃至与普通民众之间的关系，而且也是对案件所处社会环境的全面折射。

对佛教的生存和发展而言，其最为重要的环境当是政府的支持。回顾佛教中国化的历史进程，如何调试“沙门与王者”的关系是一个极重要的命题。[①] 而佛教在中国汉地和中国西藏地区的兴废更替则更是与当时的政权密切相关。在此案中，各级政府的态度也颇值得分析。此案肇始于龙藏寺与教育局的教育经费问题，而面对前任杨县长“劝导僧人遵命将庙田拨三十亩补助教育经费”[②] 和“省府的令”[③]，法钲也只有拨归土地，并无反击之力。但当周氏族人起诉时，法钲则将基于此庙产受到的弹压迅速转化为反诉。而面对激烈的争讼，新繁县政府只好选择了顾左右而言他的策略。这是因为，原告是地方上的大族，县府自是不愿得罪；而被告也是地方上名望颇高的龙藏寺主持，[④] 且教育局已从龙藏寺得到三十八亩地的好处，县府更是不肯与之产生不快，所以才下了“僧法钲、周耀光、周世龙、周明星均无罪”的判决。[⑤] 此判既可看出新繁县政府的利益考量，也不排除案发抗战期间，基层政府因无暇顾及而敷衍塞责的可能。

在社会环境的嬗变中，法律制度的更替也成为理解该起庙产纠纷的关键之一。龙藏寺主持法钲虽不甘示弱提起了反诉，也在成都地方法院审理阶段独自对抗周氏族人与其代理人李永质律师，其法言法语

---

① 参见岳辉：《从魏晋南北朝时期“沙门不敬王者”的争论看佛教的中国化》，《宗教学研究》，2000 年第 2 期。

② 《新繁县政府刑事第一审判决书》，档案号：159－5－789、790，四川省成都市新都区档案馆藏。

③ 《审判笔录》，档案号：159－5－787，四川省成都市新都区档案馆藏。

④ 龙藏寺规模大、僧众多、财力雄厚，类似观音院的家庙尚有十余处，在 1940 年还扩大了大雄宝殿。参见冯修齐：《龙藏古寺》，四川人民出版社，2001 年版，第 26 页。

⑤ 《地方法院承请依法审理公函一件》，档案号：159－5－787，四川省成都市新都区档案馆藏。

虽让人眼前一亮，但面对四川省高等法院的审理，法钲还是力有不逮，聘请律师杨天一为其代理人。如果说双方律师的介入为案件审理过程烙上了现代法律的印记，那么，本案诉争的焦点本身就是一个涉及新旧法律适用的问题。具体而言，周氏主张的“招僧焚献”和法钲坚持的“顶替”原本并非民国的法律概念，乃是清代的用法。但当时各级法院没有完全用民国法律直接处理上述概念，否认周家人关于观音院庙产的权利。这既说明了民国法律在基层适用上存在承袭清代习惯和变通制定法律的现象，也在客观上为周家缠讼多年提供了条件。

就本案而言，抗战时期纷乱的社会环境也会使僧人做出某种让步，这让周姓有空子可钻。譬如，1937 年 11 月 16 日战时设于武汉的最高法院将周耀光的上诉发回四川省高等法院“更为审判”。[1] 殊不知，周耀光等人在 1937 年 10 月就从中做了手脚。他们以“二十八军部参谋张尔宾、本地团总叶俊臣、团正姚达观”为凭，伪造和息和约，制造愿将观音院捐与四川抗敌后援会的假象，而该会则直接饬令道：

> 本会为维护周氏主权计，为捐款救国踊跃输将计，特此检同原呈据情转请钧府准予严饬新繁县政府勒传该住持法钲到案，限期迁出，并将该项捐产拍卖，所得业价除扣还压金外，汇交银行以助抗敌经费，是否有当，捐令祗遵。[2]

此约还被报与当时四川省政府，省府也只能发回新繁办理。可见周耀光等人，在司法程序之外对庙产还另动了脑筋。此时，他们所倚仗的“抗日后援会”俨然具有了“严饬新繁县政府”的权力。新繁县政府自然不可能执行这样的命令，否则，周姓如达目的则不用上诉最高法院了。在这闹剧似的饬令背后，隐藏着军人阶层对此件庙产纠纷

① 《鄂上字第六□号最高法院民事判决》，档案号：159－5－793，四川省成都市新都区档案馆藏。

② 《四川省政府训令秘发第七〇八九号》，档案号：159－5－793，四川省成都市新都区档案馆藏。

的染指。至于二十八军的参谋团总们究竟为何伙同周耀龙作伪，他们是否也可以抗日救国之名从中渔利，今已无从查知。但周耀龙一旦搬出了军队作后盾，僧侣阶层自然只能妥协。虽法钲并未松口，而四川省佛教会则训令法钲“即转饬经向抗敌后援会声明”，[①] 要求尚在司法程序中的当事人向司法机关以外的组织说明案情，于近代法律原则自是不合，而省佛教会的折中态度也不言自明。

此外，国家民族的命运也时刻左右着基层佛教信仰的境遇。其实，观音院的所有权纠纷由来已久。早在光绪三十一年（1905），龙藏寺即在观音院内兴学。在其时呈与学务处的禀文中，融琢等僧人说道：

> 新繁县龙藏寺僧融琢等，虽崇佛教，同受国恩，践土食毛，与其民等。僧自行筹资，设立方外学堂于脚庙洛伽别屿，即俗呼周家庵内。当此时艰，日棘学界为新。僧等发救世度人之愿，切育人才兴学之怀，不独全蜀丛林，法侣僧徒壮可造者，以千数计，即丛林附近地方，寒畯之家，不乏聪颖子弟，如有志为学者，亦容其来丛林同学，以资鼓励。[②]

据此，当时龙藏寺在其脚庙兴学，似可视为僧人体会时艰、感念国恩而自愿为之的义举。也正是此次义举，惹来了光绪三十二年周姓“藉端觊觎庙业，假公济私”[③] 之事。至 1935 年，龙藏寺又将观音院拨归教育局作为教育经费，则再次引起了此次历经五年的诉讼。似可看出，每逢国运日蹙之际，本无疑问的观音院归属便成为一个可以讨论的问题。

若将光绪三十一年与民国二十四年之事作一对比，颇有几分相

① 《四川佛教会训令省字一五号》，档案号：159－5－793，四川省成都市新都区档案馆藏。

② 《抄录清光绪三十一年龙藏寺私立学堂于脚庙洛伽屿即俗呼周家庵立案呈文，并批示一件》，档案号：159－5－793，四川省成都市新都区档案馆藏。

③ 《周氏族人呈文》，档案号：159－5－793，四川省成都市新都区档案馆藏。

似。乍看起来，前者出于自愿，后者肇因“省府的令”，而实际上二者都以混乱的时局为背景，且都以观音院相关庙产为标的，都与兴学有关，亦都与政府有关，僧人的活动也都被周姓族人插手。但二者毕竟存在区别，这一区别集中表现为基层民众和政府的思想变化。比如，光绪三十一年融琢兴学之后，学务处批道：

> 僧融琢等请于龙藏寺设立学堂于脚庙，以便附近寒畯子弟就学，果系独立捐资兴办，照章为私立学堂。事出方外，深明公益，良堪嘉许……①

可见学务对僧人捐产办学的态度是支持和嘉许的，这与学务处对周氏族人的批评形成了鲜明对比。及至民国十五年，周氏族人宣称以观音院产权为标的捐为助学，并声明道：

> 当风气锢蔽、文化未进时代，原以捐产立庙招僧祀神为善举。迄今世界开明，知识大开之时，又以捐产办学为国育材为善举。②

这时，庙产纠纷已关乎风气的锢蔽与开放，“捐产立庙招僧祀神”与“捐产办学为国育材”的对立已被系统表达。九年之后周耀光与法钲诉讼之时，虽教育局已从龙藏寺获得三十八亩田产，但已无人对法钲的行为进行嘉许，通过杨县长的劝导和“省府的令”，龙藏寺拨归脚庙与教育局似已理所当然。事实上，它表达着乱世之中基层政府对僧人乃至佛教“不合潮流”乃至“无用”的思想认识，至少佛教这种主张内省而非现世进取之文化的作用被那个时代有意无意地冲淡了。

不难看出，在观音院案件发生的1935至1939年之间，抗战对国

① 《抄录清光绪三十一年龙藏寺私立学堂于脚庙洛伽屿即俗呼周家庵立案呈文，并批示一件》，档案号：159—5—793，四川省成都市新都区档案馆藏。

② 《抄录民国十五年周文芾等移捐周家庵田产作教育经费原呈文底稿并指令一件》，档案号：159—5—79，四川省成都市新都区档案馆藏。

家民族命运的考验使基层政府和社会都将佛教视为社会的边缘力量。加之特殊时期民生等现实利益的考量与僧人戒律废弛的现象纠集在一起，失去政府支持的佛教信仰似已被置于一个使之不断衰落的社会环境之中。如此一来，已被逐下神坛的龙藏寺僧人所实际掌控的十多处脚庙，便成为各方力量都企图利用的资源。而观音院庙产这一薄弱的环节，自然成为周氏族人借用法律和军队倾轧佛教的着力点。

第五节　结语

在 1935 至 1939 年的新繁，大众与佛教渐次远离，而僧人也在困局中举步维艰地调整着佛教与国家、军队、社会乃至近代法律之间的关系。而在思想史上，本已濒于衰微的中国佛教在近代却又迎来了一个思想复兴和制度重建的高潮。[①] 其推动者既有身处佛门的太虚、虚云、印光、弘一、能海、法尊等法门龙象，也有杨仁山、欧阳竟无等大德居士，亦有王国维、梁启超等知名学者。如果说王国维等人是有感于西学东渐而提倡佛学以为因应，那么，虚云老和尚、能海上师等佛门巨擘则正是目睹了基层社会中民间信仰的不断失落，感慨“宗风之兴替，与世运隆污同一转移”[②]，而开始他们提倡戒律、重振僧纲、起衰振弊的不懈努力，以期中国佛教的重振与新生。

---

① 葛兆光先生将之称为“佛学在某种契机触动下的骤然复兴”。参见葛兆光：《中国思想史》（第二卷），复旦大学出版社，2005 年版，第 512 页。

② 能海上师：《定道资粮颂讲录》，1942 年讲于成都南郊近慈寺，隆莲法师笔记。参见《能海上师全集（第二辑）·三学讲录》，上海佛学书局，1997 年版［上海市新闻出版局内部资料准印证编号（九五）第一八八号］，第 170 页。

第七章　司法技艺的近代化：堂谕与判决在基层的适用

第一节　问题的由来

在中国传统社会，州县官受理词讼后所作之裁断被称为堂谕、堂判或判词。那思陆认为："州县官所为判决，对上而言，称堂断或堂判；对下而言，称堂谕。"[①] 堂谕的内容与体例，各代略有异同，"然内容大体包括事实、理由、主文三个部分；体例不外骈、散两体"[②]。唐代的判词，多用骈体，并且引经据典，堆砌辞藻。宋代以后，判词一般用散体，在剖析案情、引征律文、阐述理由等方面，均较为明晰精当。依黄六鸿所言，清代州县官所为堂谕依"重情""细故"之不同分为两类：其一，州县自理词讼，无须上司衙门覆审所为堂谕称为审语；其二，徒以上案件经州县审理完毕后须上司衙门覆审，所为堂断称为看语。[③] 堂谕既可当堂硃书判语，也可以在退堂后斟酌，但均须当堂晓谕。以清代巴县档案中一则堂谕为例：

审得高朝位具告傅大德一案，缘高朝位之侄女自幼许与沈朝统为妻，不意朝统物故，遗妻高氏无靠，凭周之敏再醮傅大德为婚，已经完配。高朝位图借不遂，具告到县。庭讯之下，高氏仍

① 那思陆：《清代州县衙门审判制度》，中国政法大学出版社，2006 年版，第 123 页、第 221 页。

② 高潮：《古代判词选》，群众出版社，1981 年版，"序言"第 2 页。

③ 黄六鸿：《福惠全书》卷十二，清光绪十九年文昌会馆刻本，第 137－138 页。

配大德为婚。查大德并无出有财礼，断令大德缴银八两给沈朝统追荐之费。取具高朝位不许滋事，甘结立案。①

堂谕作为传统社会州县官受理词讼审断制作之法律文书，已随着民国时期制度鼎革、新设法院等新举措的实施被禁止。吊诡的是，这一判决文书制作方式竟然在被短暂禁止后又在较大范围、较长时间内普遍使用，并获得官方认可。从1914年北京政府公布《县知事审理简易案件准以堂谕代判决》至1934年南京国民政府公布《法部令饬各县嗣后务须厉行制作判词不得再以堂谕代行判决》，堂谕作为官方所承认的正式判决文书在制度上存续达二十年之久。汪楫宝说："自清末法院编制法颁行，地方司法之独立，始有法律依据。顾以吾国幅员之广大，普设法院，既非一蹴可几，乃不得不有过渡办法，以资补救。其组织沿革有可得而言者。"② 审检所、县知事兼理司法、司法公署和县司法处等制度迭次出台。其中，县知事兼理司法"从1914年出台并推行直至北洋时期结束，全国92%以上的县都施行该制度，1914年—1921年其比例更是高达96%～98%，县知事兼理司法制度无疑是北洋时期基层司法制度的主体"③。由此可推断，堂谕代判在实行县知事兼理司法的地方可能被广泛采用。

自清末修律洎民国肇造，在这一极短暂的时空条件下，古今中西各种因素交织缠绕、光怪陆离。"中国深欲整顿本国律例，以期与各西国律例改同一律。"④ 在此愿景的驱动下，法制领域相继发生了许多重大革新。在大规模修律的同时，司法官吏开始作为新兴职业群体出现，学界近年之相关研究多寓目于司法官吏的选拔制度、教育背景、司法实践及法律职业共同体内的自由流动等方面，笔者在阅读民

---

① 四川省档案馆：《清代巴县档案汇编·乾隆卷》，档案出版社，1991年版，第189—190页。

② 汪楫宝：《民国司法志》，商务印书馆，2013年版，第16页。

③ 唐仕春：《北洋时期的基层司法》，社会科学文献出版社，2013年版，第74页。

④ 为收回治外法权，清政府在与英、日、美等国签订的条约中多次使用此语。参见《中英续议通商行船条约》《中美续议通商行船条约》《中日通商行船续约》，收入《大清法规大全·外交部》卷一，第19—20页、第30页、第31页。

国时期基层司法档案时，发现以堂谕代判[①]作为案件裁断结果的司法档案占很大比重，而通过考察堂谕代判，从中似可见彼时法官之司法技艺，其亦可呈现法官之司法意识。与清季以来司法领域诸多重大变革相较，堂谕代判问题显属小节，[②] 但学界对中国近代社会中"变"的这一面向的过分关切，促使笔者试图在"不变"的另一面寻求获得新阐释的可能，并以此探讨法制近代化中法官司法技艺养成的问题。在本章中，笔者将讨论堂谕如何获得代判决的法律地位，堂谕代判的制作方式与过程，基层司法实践中堂谕代判的具体呈现样式，堂谕代判为何被最终废止，如何评价堂谕代判等问题，以下试申述之。

第二节　堂谕代判的确立、适用范围、规范样本与终止

国民政府推行县知事兼理司法制度主要基于经费、人才等现实考量。在普设法院一时无法实现的情况下，韩秀桃认为，该制度"在组织形式和诉讼程序上，都体现出如何方便县知事来处理司法审判事务这一主旨"[③]。由 1914 年司法部呈大总统《县知事审理简易案件准以堂谕代判决文》一文可推断，堂谕代替判决的现象最早应出现在广东基层县，用堂谕来代替判决的主因在于县知事多"托词于制作判词之繁累"而导致"积案未理"。兹录于下：

> 窃自县知事兼理诉讼以来，积案未理，多托词于制作判词之繁累，迭经广东等省巡按使咨请酌予通融，拟以堂谕代判决等因到部。查判决为诉讼终结之宣言，必以定式相纠绳，无非保护当

① 在档案文献中，也以"堂谕代判决""堂谕代判词"等语词出现，为保持行文一致，本书统一为"堂谕代判"。

② 笔者目力所及，仅在韩秀桃的博士学位论文中发现有对堂谕代判问题非常疏略的介绍。参见韩秀桃：《变革社会中的法律秩序：近代中国对司法独立的价值追求与现实依归》，中国政法大学 2002 年博士学位论文，第 108 页。

③ 韩秀桃：《变革社会中的法律秩序：近代中国对司法独立的价值追求与现实依归》，中国政法大学 2002 年博士学位论文，第 108 页。

事人之权利。而揆其实际，除抄录诉状各节外，不过述证明判断之理由，本为断狱者应有之事，初非繁重难行之举。惟既据该巡按使等咨称，县知事以是为苦，本部所期于兼理司法衙门者，原不过判断之得当。苟能言之成理，自不必强拘形式。嗣后，拟请将县知事受理案件中，民事属于初级管辖，刑事无庸覆判者，划为简易案件，准其得以堂谕行之。而对于堂谕，如当事人不声明上诉时，并准其得迳［径］送执行，藉收简捷法理之效。至其他属于地方管辖之民事及应送覆判之刑事案件，仍应照县知事兼理诉讼暂行章程，依定式作成判词，以昭慎重。①

收到司法部呈文后，国务卿徐世昌于 1914 年 11 月 21 日批令"准如所拟办理，即由该部通行遵照"②，用大总统印，并于 24 日在《政府公报》予以公示。

对于堂谕代判之适用范围，司法部建议简易案件即可适用，具体为"民事属于初级管辖，刑事无庸覆判者"。但民事属于初级管辖案件，在实践中往往并不"简易"，时固安县知事赵毓衡称，"案查修正民事诉讼律，因金额或价额涉讼其数在三百元以上千元以下者，是否得以堂谕代判决，自应详请明白解释，以利进行"。经京师高等审判厅转司法部批示，"悉查初级事务管辖，既经扩充范围，属于初级管辖各案即不尽简易"，修正管辖与审级其用意在"便于人民上诉"。堂谕代判决"意在取准简易，用意不同，不容以彼例此所有涉讼金额或价额在三百元以上，各案既不视为简易案件，仍应照县知事兼理诉讼暂行章程作制判词"③。

总统批令未久，江苏高等审判厅与检察厅即将此范围扩大，发文

① 《县知事审理简易案件准以堂谕代判决文》，《法律周报》，1914 年第 50 期，第 397－398 页。上注韩秀桃博士学位论文中也全文引用，据笔者比对，其引文有错讹、脱漏之处，为还原史实，特再次将考订后之内容予以引用。

② 《司法部呈县知事审理简易案件拟请准以堂谕代判决文并批令》，《政府公报》，1914 年第 918 期。

③ 《县知事堂谕代判词之范围》，《四川旬报》，1915 年第 1 卷第 8 期。

通饬所辖各县，“惟查无庸覆判之案件，照章应以法定主刑四等有期徒刑以下，或罚金不满五百元者为限，其范围本甚狭。谨以此划为简易案件，准县知事以堂谕代判决，尚恐不足以达清理积案之目的。兹为便利起见，暂准各县知事于法定最重主刑为三等有期徒刑之宣告，四等有期徒刑以下之刑者，亦得以堂谕代判决，无庸详送覆判，其余仍照章办理”①。在司法部补登的通饬中亦可说明其扩大范围。② 韩秀桃在文中谈及，“许多县知事往往找借口突破上述标准，以便尽可能多地用方便化的堂谕来代替格式化的判决书”③。笔者虽未找到相关材料，但地方司法机关擅自对总统批令所定适用范围进行了扩展，造成堂谕代判适用范围在司法实践中的进一步扩大，其用意与法部、京师高等审判厅等机构显属背离。

从安徽怀宁地方审判厅长胡寅勋于 1915 年 1 月 19 日请示该省高审厅的文中，似可窥见堂谕代判在基层司法中的普遍使用情况，同时也牵连出另一法律问题，即在 1914 年 11 月 24 日大总统批示公布之前所为堂谕是否有效。宿松县民陈敬先等与朱康荣因油坊基址产生纠葛，以该县知事涂改原判、执行错误为理由，提起抗告。经怀宁地方审判厅调阅原卷后发现仅有该县知事在 1914 年 1 月 20 日做出的堂谕一份，并未依县知事审理诉讼暂行章程制作判词。如依照 1913 年 5 月 21 日司法部第一百八十二号训令，则该案应以未经判决之案论。该堂谕又在 11 月 24 日以前，若照法令以颁布而生效力之法理言之，似该案仍应受司法部第一百八十二号训令之拘束，倘一经发还，该县又以有 1914 年 11 月 24 日政府公报大总统批令可据，仍然以堂谕行之，徒费手续，有碍进行。胡寅勋对于此类案件如何处理不无疑义，因此上报请予指示。现将主要内容节录于下：

---

① 《江苏高等审判/检察厅饬第六号》，《江苏省公报》，1915 年第 396 期。

② 《县知事审理法定三等有期徒刑案件亦得以堂谕代判决通饬》，《司法公报》，1916 年第 51 期。

③ 韩秀桃：《变革社会中的法律秩序：近代中国对司法独立的价值追求与现实依归》，中国政法大学 2002 年博士学位论文，第 108 页。

惟查县知事审理诉讼暂行章程第三十条判决之定式，准用审判厅试办章程第三十八条之规定，而上年（1914 年）五月二十一日又奉钧部训令申诫分明，是以本厅对于各县上诉案件遇有堂谕代判决者，均经严词驳斥，并酌请巡按使儆戒在案。自奉改订新章，虽属于简易者为限，但简易案中又应以呈准前后时期区为两种办法。按之学理、法律以不溯既往为原则，而法令变更必以颁布始生效力。则在三年（1914 年）十一月二十四日以前之案，当然不能援批令为词。今该宿松县知事审理此案，仍不依法作成判词，夷考其时，仍应受钧部第一八二号训令之拘束，当予驳还，重行审判。既据该厅请示前来核其所陈疑义，不为无见，自应据情转请指示，俾有遵循。仰厅长更有请者，各县知事兼理司法谙悉法理固不乏人，而不明诉讼一定之程序者亦属不免。窃恐际此批令前后尚有与此相类之事件发生易兹疑义者，兹假定三端如下：

（一）在此批令以前，各县以堂谕代判决之案，人民声明不服时，如认堂谕不生判决之效力，应否不分已未确定，一律发还原审知事更为裁判，抑应概由管辖审判衙门为第二审之判决？（二）如应发还，是否仍由原审知事更为以谕代判之判决，抑专以此等案件为限，责令仍遵第一八二号训令为适法之判决？（三）若认其堂谕为有判决之效力，则未经确定者，人民尚得为控诉之请求，已经确定者，在受此裁判之人或恃有从前训令视作未经判决，故不为上诉之声请，乃因办法变更，忽丧失其防御权，尤失平允。①

安徽高等审判厅为此做出批复：“该县知事于呈准之前，不按照县知事兼理诉讼暂行章程依法定方式作成判词，固属不合，但于此时重行发还，尤违清理积案之本旨。该县所有已宣告堂谕之民事案件暨

① 《批安徽高审厅知事已宣告堂谕各案准予认为有判决效力文》，《司法公报》，1915 年第 30 期。

刑事无须覆判各案，准予认为有判决之效力。其刑事照章须经覆判，并民刑案件虽已宣告堂判，而当事人在上诉期间声请上诉各案，仍应分别按照县知事兼理诉讼章程及（1914 年）12 月 21 日呈准各节办理。”①

安徽高等审判厅批复不久，因此节“于人民诉讼程序极有关系，应详为解决”，向法部请示希望予以解释。法部批文为：“查第六五四号部批所称，认为有判决效力之宣告堂谕案件，刑事以无庸送致覆判案件为限，民事亦自以简易案件为限，其应送覆判及简易范围以上民刑各案，无论其审结在 12 月 21 日呈准前后，均应按照县知事兼理诉讼暂行章程制作判词，以昭慎重。但当事人不提起上诉，或逾期始行提起者，仍应照逾期之规定，概行驳回，毋庸原判不合法定方式，特为受理，致原判久不确定。”② 1915 年 8 月 17 日，大理院在函复湖南高等审判厅第三一四号文中（登 8 月 24 日《政府公报》），其文标题即为“堂谕代判词案件如合法上诉，应补作判词”③，明示无疑。因江苏溧阳县知事呈请以堂谕代判词之案件如有合法上诉，应否必须补作判词，请江苏高等检察厅转大理院院解释。1916 年 12 月 11 日，大理院在复总监察厅统字第五五二号文中（登 12 月 18 日《政府公报》），情势逆转，“查照司法部三年呈准之案，及本院最近解释判例，均认为毋庸补作判词”④。

细考县知事作成的堂谕中，其用纸尺寸、文书内容大相径庭。法部在发给地方的第四五〇号饬令中谈及“京外各厅所用诉讼各种用纸，长短广狭既无一定，积成案卷殊欠整齐，而于汇辑归档或调阅卷宗尤多不便”。陕西高等审判厅为整顿规划，“拟趁此机会，特为遵依饬内开列尺寸，预制定式，附具说明，以免各县误会，而期简便明确，谨将制就堂谕式样缮具样本”。其拟定的堂谕样本如下：

① 《批安徽高审厅知事已宣告堂谕各案准予认为有判决效力文》，《司法公报》，1915 年第 30 期。

② 《批安徽高审厅解释堂谕代判疑义文》，《司法公报》，1915 年第 31 期。

③ 《堂谕代判词案件如合法上诉应补作判词函》，《司法公报》，1915 年第 39 期。

④ 《堂谕代判词之案如合法上诉毋庸补作判词函》，《司法公报》，1917 年第 70 期。

堂谕样本

某县　事堂谕年　第　号
原告人（刑事不列）
被告人
右列　人因……
……一案经本县堂判如左
……此判
中华民国　年　月　日作成
（签名盖章）
某县知事○○○□
某县承审员○○○□
中华民国　年　月　日牌示

堂谕样式说明

凡得以堂谕代判决之案件，刑事查照司法部三年十二月第一一一八号通饬，并第三二七号通饬，办理民事查照司法部第二六七号通饬办理，并摘列于左：

（甲）民事金额及价额一千元以下者；

（乙）刑事法定最重主刑为三等有期徒刑之宣告案件，四等有期徒刑以下之刑者；

并科罚金刑，准照四等有期徒刑一般比例，宣告三百元以下者；

单独罚金刑法定数不满五百元者。

除前列甲乙两款外概不得以堂谕代判决。

堂判不得用硃笔须用墨写。

堂判不得用不易辨认之草书。

添注涂改之处须由县知事或承审员加盖私印。

堂判须由县知事或承审员亲笔写。

堂判长者，纸不敷用时，可加张接写，但不得变更首尾规定程式。

加张骑缝处须盖县印。

堂谕格式之大小须一律按照规定程式，不得任意缩张，以便日后附卷。①

最高法院在第一三八号公函中以“各省兼理司法事务之县政府对于民刑裁判仍多以堂谕代行判决，殊与现行法制未合”，请求司法行政部通令各省高等法院转饬各县，嗣后“务须厉行制作判词，不得再以堂谕代行判决，如第二审法院发现仍有以堂谕代判情形，应即发还原县补制判词再予审理”②。1934 年 1 月 5 日，司法行政部以训令（训字第一五号）正式通令，施行 20 年之久的堂谕代判制度正式终结。

第三节　堂谕代判在基层的持续运用与在高层的法理讨论

民国政府虽于 1914 年 12 月 11 日始对堂谕代判予以合法律性的确证，但其在基层司法实践中却早已普遍运用。但具体言之，因县知事知识背景、勤勉程度等差异，所作成的堂谕代判文书也有较大差异。

① 《堂谕样本准通行批》，《司法公报》，1915 年第 35 期。

② 《各县嗣后务须厉行制作判词不得以堂谕代行判决》，《法令周刊》，1934 年第 187 期。

1917 年，海盐县知事陈祖望审理一起离婚案件，嗣后作成堂谕。兹录如下：

海盐县公署堂谕

富李氏　　不到

富仁发　　海盐　　鳞坊　　年二十二岁　　业农

富宋氏　　海盐　　鳞坊　　年二十岁

右列当事人富仁发请求离异婚姻一案，经本署审理堂谕如左：

富李氏因其媳宋氏数年不回家，以妨害宗嗣为辞，请求离异。其子富仁发诉同前情。即经饬传富仁发及宋氏到庭询问，据富仁发供称，既不同居，情愿离异。宋氏则供称，伊在外佣工二年余，系因在家被虐，倘夫妇和好，情愿回到富家等语。查离婚以双方合意为要件，若一造呈请离婚，必须理由充分，不得已而为之。兹核富仁发所述离婚理由并不充分，殊非不得已之举。又宋氏但求不被虐待，尚愿回家，亦未便遂为准予离婚之宣告。应即谕令富仁发将宋氏当庭带回同居，勿许再有外出。此谕

中华民国六年七月十九日作成

海盐县知事陈祖望①

1929 年，宝山县（上海）政府民事处在审理一起因经界涉讼的案件时做成的民事堂谕也较为典型，抄录于下：

陈涛生因经界涉讼案民事堂谕

原告施桂庭（男）　年四十二岁　宝山人　住广福乡　农业

被告陈涛生（男）　年六十岁　保山人　住罗店　农业

右列当事人因经界涉讼一案，本政府审理堂谕如左：

查原确定判决耕种地与路基地各半均分字样，倘仍照旧东西

① 《海盐县公署堂谕》，《浙江海盐县署公报》，1917 年第 3 期。

剖分，则陈涛生之耕种地势必与路基地失其联络，而施桂庭可随时占用路基，扩张面积，两造争端不能息。兹据两造共认南北两端宽度相等，应令南北剖分，北半部归施桂庭执业，南半部归陈涛生执业。两造应将此次堂谕粘附方单，为变更图形之根据，以符原判，而昭平允。倘再妄与争议，定干押惩，以为好讼者诫。

此谕

中华民国十八年八月十九日

宝山县政府民事处

县长　吴　葭　印

承审员邱鸿藻　印[1]

上录两则堂谕，一为婚姻案件，一为田土案件，清代将其划归为“细故”，民国则为民事属于初级管辖之简易案件。若隐去两则堂谕代判文书上的时间要素，从内容上看，与清代之堂谕若合符节。但是否所有堂谕代判都与传统堂谕无差，笔者在爬梳相关文献资料时，亦有所发现。

1920 年，浙江省江山县署因张良鳌与钟长朝互殴案，做成的堂谕对案件事实所适用的法律规则有较为明确的引用。

张良鳌与钟长朝伤害案堂谕

（九年刑字第八八号）

原告人　张良鳌　年四十二岁　江山人　住阳坪　业农

被告人　钟长朝　年二十三岁　江山人　住阳坪　业农

右列当事人因伤害案，经本署审理堂谕如左：

缘张良鳌与钟长朝等系同村居住，上月两相口角被殴，受有微伤，到案请验。讯据供称，因收回田耙，被长朝殴伤。长朝初供未在场，嗣经长林证明，又称系打歇后到，其词矛盾，则被害人供词自足取信。惟审核情节尚轻，钟长朝应依刑律第三百十三

① 《陈涛生因经界涉讼案民事堂谕》，《宝山县政公报》，1929 年第 17 期。

条第三款、第五十四条减处拘役五日，又依私诉暂行规则，赔偿损失银五元。

此谕

九年八月三十日①

1929年，江苏省溧水县政府在一起贩卖烟土的刑事堂谕中也较为明晰地引用了法律条文。

兼理司法溧水县政府刑事堂谕

堂谕代判决原本

被告人蒋立畔年四十八岁，河南人，住溧水县丰庆乡扬葭庄村，种田。缘上列被告人蒋立畔，贩卖鸦片烟，经本县公安局督察员察觉，前往拿获，由公安局连同搜获烟土一块约重十二两，烟戳一把，账簿一本，大刀两把，一并解送到府。讯据该犯蒋立畔，坚不供认有贩卖烟土情事，惟查其面容，显有烟癖，一再研诘，该犯对于吸食鸦片一节，已俯首无词，核其所为，实犯刑法第二百七十五条第一项之罪，应判处罚金一百五十元，俟判决确定后，执行。如无力完纳，准依同法第五十五条第二第三两项以一元易科监禁一日。烟土等件，依同法第六十条第一款没收之。大刀两把，是否供犯罪之物，应候另案侦查核办。此谕。

县长　周敦礼

代理承审员　余春森②

兼理司法之县知事，既为一县之行政长官，也为一县最高之司法长官，兼有司法与行政两种职权。在基层司法实践中准用堂谕代判，也为各级司法机关适用法律、裁判案件带来诸多困扰。时最高法院在《民事判例汇刊》中对堂谕的性质、堂谕是否影响上诉权等重要问题

① 《张良鳌与钟长朝伤害案堂谕》，《江山公报》，1920年第2期。

② 《兼理司法溧水县政府刑事堂谕》，《溧水县政府公报》，1929年第1期。

以裁判要旨的方式进行了解释。兹录于下：

堂谕之性质

二十一年一月三十日刑事上字二三三号

要旨：对于兼理司法之县政府所为堂谕，审核其究竟系何种性质，须就其内容以为区别，不得仅就其形式遂为断定。

上诉人　河南高等法院检察官

被　告　董九龄男六十一岁武安县人住童家庄

董序彝男二十五岁武安县人住童家庄

龙秋和男四十四岁武安县人住童家庄

右上诉人因被告侵占等案件，不服河南高等法院民国十九年十一月二十五日第二审判决，提起上诉，本院判决如左：

主文

原判决撤销，发回河南高等法院更为审判。

理由

查对于兼理司法之县政府所为堂谕，审核其究竟系何种性质，须就其内容以为区别，不得仅就其形式遂为断定。本件被告董九龄、董序彝等诉龙秋和侵占公款，及龙秋和反诉董九龄、董序彝挟嫌诬告等情，其诉讼关系显在于是否犯罪之确认。而武安县政府传集审问，各处罚金，又明系科刑之判决。纵所科之罚金未引法条，其判决之形式未合规程，然就内容以审核其性质，既与依行政法规而实施之处分行为迥然不同，其确为刑事诉讼案件自可断言。原判决遂以该县批谕一再表明系行政处分，遂认该堂谕非刑事判决，以检察官之上诉为违背法律上之程式予以驳回，未免不合上诉意旨，就此指摘原判决为失当，不能谓为无理由。

据上论结，应依刑事诉讼法第四百零九条第一项第四百十三条判决如主文。[①]

---

① 《堂谕之性质》，《最高法院民事判例汇刊》，1934年第6期。

堂谕不影响当事人之上诉权

二十三年刑事上字第五十一号

要旨：兼理司法之县政府，虽兼有检察及审判两种职权，但其所为堂谕若系出于判决之性质，纵或用语未当，乃属判决违法问题，要难认为本于检察职权之处分，而影响于当事人之上诉权。

上诉人四川高等法院检察官

被告吕守舟　男　年五十三岁　乐至县人　住倒流镇　农

　　刘文仲　男　年五十四岁　乐至县人　住高山庙　农

右上诉人等因被告伤害案件，不服四川高等法院中华民国二十三年一月九日第二审判决，提起上诉。本院判决如左：

主文

原判决撤销，发回四川高等法院更为审判。

理由

按兼理司法之县政府，虽兼有检察及审判两种职权，但其所为堂谕若系出于判决之性质，纵或用语未当，乃属判决违法问题，要难认为本于检察职权之处分，而影响于当事人之上诉权。本案原堂谕并未引用刑事诉讼法不起诉条文，且于告诉人吕守源声明不服后，复有案经讯判敕令上诉之批示，明明以堂谕代判决尤属显然。该堂谕虽有从宽免究等字样于法不合，但依上开说明，乃系违法判决之一种，检察官对此提起上诉要难谓非适法，原审未予事实上审判，遽认该堂谕为不起诉处分。据上谕结，应依刑事诉讼法第四百零九条第一项第四百十三条判决如主文。[①]

第四节　传统教化功能在新司法领域的延续

梁启超在1904年著文《中国法理学发达史论》中有谓："法律

① 《堂谕不影响当事人之诉权》，《最高法院刑事判例汇编》，1934年第13期。

者，非创造的而发达的也，固不可不采人之长以补我之短，又不可不深察吾国民之心理，而惟适是求。故自今以往，我国不采法治主义则以不从事于立法事业则已，苟采焉而从事焉，则吾先民已发明之法理，其必有研究之价值，无可疑也。”[①] 清季以降，虽有礼法之争的短暂僵持，但采择西方法律思想与制度渐渐蔚为主流。在中国文化传统下所孕生并发展演化的中国法律文化、典章制度未能经受住西潮之鼓荡，从“法学”到“律学”再到“幕学”[②] 的中国法律本土学术发展传统毛将焉附。“苟日新，日日新，又日新”（《礼记·大学》），“求新”与“求变”成为官方压倒性的倾向，在架构现代民族国家的过程中，知识阶层也“全神贯注于民族生存，从而失去对中国启蒙运动的原有热情”[③]。梁任公所希冀的深研“吾先民已发明之法理”，已被时代之洪流裹挟而去，渐渐衰微。在法律近代化的道路上，“兼采近世最新之学说”一语中至为重要之“兼”字被选择性地忽视，整套的西方最新立法被“改头换面或照账缮录”地移植过来。在“全球的法律日渐协调一致乃至有趋同之势”，也即“法律的全球化”[④] 过程中，对时间与空间因素的无视已经带来不良反应。按王伯琦所语，“西洋的法律制度在中国生根了吗？我们已接受西洋 20 世纪的新文化了吗？我的答复最多是貌合神离”[⑤]。

清代以来，州县官职掌“靡所不综”，对纠纷的处理“已不仅仅是对律例所规定的内容进行审断，而且实际扮演着民众日常生活协调者的角色”[⑥]。堂谕作为州县官处理词讼之裁断，从其功能而言，似

① 梁启超：《中国法理学发达史论》，收入范忠信《梁启超法学文集》，中国政法大学出版社，2004 年版，第 70 页。

② 陈顾远：《中国法制史》，商务印书馆，1934 年版，第 50 页。

③ 李怀印：《重构近代中国：中国历史写作中的想象与真实》，中华书局，2013 年版，第 7 页。

④ D. 奈尔肯、J. 菲斯特：《法律移植与法律文化》，高鸿钧等译，清华大学出版社，2006 年版，“译者前言”，第 8 页。

⑤ 王伯琦：《近代法律思潮与中国固有文化》，清华大学出版社，2005 年版，第 403 页。

⑥ 里赞：《晚清州县诉讼中的审断问题：侧重四川南部县的实践》，法律出版社，2010 年版，第 241 页。

不仅仅为近代西方法律实践中之判决。堂谕既有依法裁判之内容，亦蕴道德教化之功能。这一传统的纠纷处理结果书写方式在被短暂禁止之后，又在 1914 年经法部呈大总统批示后存续达二十年之久，并未完全如其他被抛弃之司法传统一样进入“博物馆”，待后人瞻仰。其运命为何如此异乎寻常，笔者未能毕其功于一文，仅将有关堂谕代判之规定与运作勾勒一基本面貌，以待更深切之思考与研讨。

第八章 法律方法的探索：近代学者对法律解释的反思

第一节 法律方法与法律解释

近代以来的中国学术界很早就注意到方法论对于科学研究的重要性和必要性。“自从文化进步、知识定型化了成为体系以后，方法就是研究中所不可少的工具。哲学有哲学的方法，科学有科学的方法。无方法的知识差不多就像无根据的知识一样，站不住足。而一切新近出得科学，开宗明义章便是说明它所使用的方法。不仅这样，方法的优劣还成为研究出的结果——理论之正确与否的关键。”① 因此，民国法学界学者对于“法律方法”也展开了一系列研究，并取得了一定成果。② 不过，这些研究中大多数“法律方法”“法律学方法”是对法学理论的研究方法，即主要研究如何运用法哲学、法史学、法社会学、比较法学等方法研究法律，而我们当下所称的“法律方法”更多的则是将其放置在法律的司法适用背景中进行界定，即“是对法律如何被运用的系统思考，包括对法律发现、解释、论证、衡量和推理的

① 叶青：《方法论问题（上）》，《二十世纪》，1933 年第 2 卷第 5 期。

② 如李祖荫：《法律学方法论》，国立湖南大学法律学会，1944 年版；晋生：《研究法律学之方法》，《新建议》，1936 年第 3 卷第 14 期；刘志扬：《动态法律研究方法论》，《新青半月杂志》，1945 年第 2 期、3 期；孙晓楼：《研究法律的步骤和方法》，《商务印书馆出版周刊》，1935 年第 161 期；李志慎：《如何研究法律》，《法政半月刊》，1934 年第 1 卷第 3 期等，概述了注释研究法、历史研究法、比较研究法、社会学研究法、哲学研究法等法学研究方法。

技术、技巧、规则、程序、原则等地研究”[1]。所以民国学者的“法律方法”研究更多为“法学研究方法”的研究而非法律适用中方法论的研究，[2] 与现在所称“法律方法”的侧重点有所区别。

虽然民国学者对于法律方法的认识更多倾向于法学研究方法，但是也有许多学者围绕着法律的具体适用、实际操作展开了一些探索和认知，这些研究的指向虽无“法律方法”之名，却有“法律方法”之实。民国法律采大陆法系，而任何成文法相对于迅速发展的社会生活而言，都不可避免地具有滞后性和不完善性，法律罅隙在所难免，法律解释就成为法律方法的研究中最具现实意义的论题，加之当时特有的大理院颁行解释例等司法背景，法律解释的研究成为民国时期法学界的最受关注的问题之一。[3]

本章将以所搜集的材料为限，试围绕民国学者对法律解释的研究状况做一个简单的学术史述评。民国学者对法律解释的研究，重点集

① 陈金钊等：《法律方法论研究》，山东人民出版社，2010 年版，第 1 页。

② 一个典型的例外是吴经熊的研究。吴经熊在其《关于现今法学的几个观察》一文中阐述了方法对法学研究重要性，他认为“如果要建立新法学，那么先须完成下列两部工作：第一个工作建设一个法律的方法论”，在他看来，“法律是一种估量和权衡利害的学术”，法学的目的不仅是发现事实，而且“要对这些事实加一个评判”，“那才是法律的神髓的所在”，而且“法律的方法——评判的方法——当然和自然科学的方法不同”，所以“我们不能径将自然科学的方法拿来适用于法律的裁判，我们必须悉心研究并改良法律的方法”。由此可见，吴经熊虽未给出明确的法律方法的概念，但其倡导的法律方法就是在法律适用过程中发现法律、作出法律评价的方法，符合我们现在对于法律方法的认知。参见吴经熊：《关于现今法学的几个观察》，载吴经熊、华懋生：《法学文选》，中国政法大学出版社，2003 年版，第 110 页。

③ 如张季行：《私法解释方法论》，傅信书局，1938 年版；爱斯嘉拉撰，刘镇中译：《法国成文法之解释及其判例》，《法律评论》，1923 年第 83 期；刘恩荣：《论大理院之解释与其判例》，《法律评论》，1924 年第 32－37 期；涂身洁：《法律解释论》，《法律评论》，1926 年第 142－144 期；袁家城：《论法律解释权》，《越旭》，1925 年第 5 期；袁家城：《论法律解释权（续）》，《越旭》1926 年第 6 期；胡毓杰：《论法律之解释》，《法令周刊》，1935 年第 282 期；楼蔚森：《论法律解释之本质》，《文风杂志》，1944 年第 1 卷第 6 期，朱显桢：《法律解释论》，《社会科学论丛》第 2 卷第 8、9 号合刊等。还有学者对部门法的解释进行了研究，研究宪法解释的如史尚宽：《宪法之解释》，《时事类编》，1940 年第 53 期；陈恩成：《解释宪法之权与能》，《思想与时代》，1944 年第 36 期等，研究刑法解释的如洪钧培：《刑法类推解释在战时适用之研究》，《中华法学杂志》，1940 年 3 期等。另外，据何勤华初步统计，清末民国时期共出版的法理学著作中涉及法律解释内容的有 18 种。参见何勤华：《中国法学史》（第三卷），法律出版社 2006 年版，第 128 页。

中于三个问题：其一为法律解释的含义及必要性；其二为法律解释的主体和对象，主体即解决法律解释权属问题，对象即在什么情况下针对什么问题可以发生法律解释；其三为法律解释的方法和标准，即在法律实践中应当怎样解释法律。

第二节　法律解释的含义与必要性

伴随着国家法律体系对西方大陆法系的借鉴和移植，民国法学界对于法律的研究集中表现在立法论和解释论两方面，前者关注立法，后者关注司法，如胡毓杰所言，“解释论者，以明法律之司法运用，分析疑义，指明要件为当务之急。而立法论者则以立法之得失，法律之目的及其运用之当否为评论中心”，他尤其强调“立法论不能离解释论为独立”，因为如果“不明法律司法上之运用及意义之分析并指明其要件之当否，无由探讨法律目的及运用上之当否，即无疑说明立法之得失”，同时解释论亦不能脱离立法论而独立，“盖法律解释不能脱离立法旨意而断章取义，胶柱鼓瑟”，“二者并重，而无所偏废焉”。[①] 这种概括虽不是直指法律解释理论本身，却对民国时期法学研究的基本旨趣有了较为明晰的概括。

法律解释与立法密不可分的关系也影响到学者对法律解释概念的理解。如梅仲协认为，“法律之解释云者，阐明法律之真义，以合理的方法，不囿于立法者之主观的见地，而探求其命意之所在也”[②]。朱采真虽未直接点明法律解释的概念，却在强调法律解释之重要性时说道：“当司法官行使裁判权的时候，尤其要了解法律的真正意义。”[③] 由此可见，法律解释乃为探讨法律真正意义的一种途径。欧阳谿则直接点明法律解释是法律方法的一种，“法律之解释者，探讨法律真意之方法也”。原因在于法律存在疑义，有的法律字义不明，

① 胡毓杰：《论法律之解释》，《法令周刊》，1935 年第 282 期。

② 梅仲协：《民法要义》，中国政法大学出版社，2004 年版，第 12 页。

③ 朱采真：《法律学 ABC》，ABC 丛书社，1929 年版，第 40 页。

有的所规定之事物，范围不易确定，不能不借重解释以探考立法当局之真意。[①] 法律解释被认为是一种解决法律规定与法律适用之间的难题的方式，法律存在的目的在于解决一切法律问题，而如何运用法律规范解决法律问题则需要法律解释来面对和处理。“法律的解释，不仅是决定某条文所包括的内容，且抑决定其条文之关系如何。这就是说，条文的内容，在适用案件上，要如何使其丰富，如何使其精密。这就是法律解释的使命，也就是法律解释的本质。”[②]

一般认为，法律解释的产生主要源于成文法的先天缺陷，其一是“法律条文多为文字之记录”，而“文字之本身即有缺点，其意义含混处非赖解释不可”；其二是随着社会变迁、文化进步，“许多旧日习俗观念伦常道德均不能适应当时之情形。即法律名词之含义亦多改变，故法律之解释为不可必少者也”。

> 法律之所以需要解释，一因文字之关系，一因社会文化之变迁。盖社会乃有机体之一种，任何方面之变动皆足以影响全局。法律为社会文化之一部份，社会上有一变迁，法律当然亦必被波及，固无待言。[③]

所以，成文法的法律一经制定，解释便成为必需。因为再详尽的法律规范也无法穷尽社会生活的方方面面，而个案的处理又需要法律的精密适用，正如袁家城所言，“夫法之规定，不问条分缕悉，详审周密，卒难网罗万有，无所遗脱。故当适用之际，疑义丛生，其势然也”，他详细归纳了“法律之适用疑义”的主要情况：

> 子　文字为传播吾人思想所用之符号，但不甚适切，无论以何国国语，皆不能将思想精密表现。因之文法意义，殊难明确，

① 欧阳谿：《法学通论》，陈颐校，中国方正出版社，2004 年版，第 113 页。

② 楼蔚森：《论法律解释之本质》，《文风杂志》法律学科专号，1944 年第 1 卷第 6 期。

③ 维华：《法理学与近代法律变迁之趋向》，《南开大学周刊》，1931 年第 110 期。

解释上遂不免发生种种之议论也。

丑 法律条文之用语，有因文章之结构，而异其意义者，亦有因意义隐匿，而不明其所规定之事物者。诸如此类，均不能不待于解释也。

寅 国会之讨论法律案，或以临时酌改，未及搜寻旧律，致先后之意旨不一贯者，可作数种解释，此亦发生争议之一端也。

卯 社会进化，情事徙变，往往有某种新需要，出于固定之法律范围以外，而为立法者意想所不及。若是，则有待于解释之力者，殆亦多矣。

辰 法律上取概括主义之条文，是否包含某种特殊事项在内，不可臆断，则解释疑难之问题，又将从而发生矣。[①]

从法律适用的角度，“法律之意义未能确定，则无由适用，而适用之当否，一视其解释如何，若无此种权力阐明法文之真意，则引律不免有错误冲突等弊，至所发生之事实，与法规适相吻合者，又极鲜少。此法律解释权之所以不容缺也”[②]。

朱显桢注意到法律解释并不是简单的文字推理，而是需要专业的法律知识和法律思维，因为法律解释“不仅法律上的专门用语，需要法律学的知识来解释，即其他一般的普通用语之在法律中，法律有时亦依其目的及其价值的判断附以特别的意义”，而“同一文字之意义，法律学上之所解释者，与哲学，物理学，心理学之所解释者，完全不同”。这就决定了法律必须由有法律学知识之人来解释，这是法律解释对于解释者最基本的专业要求。“法之解释，即法之认识，与法律学是绝对不能离开的。法律学之成果，谓为一般的解释论；精确的法律学上之说明，即谓为法规，亦非过当。”所以“法之解释与法律学之间，有极密切之有机的关联存在”。他还因此论证法律之为一种“科学”而非“技术”。

① 袁家城：《论法律解释权》，《越旭》，1925年第5期。

② 袁家城：《论法律解释权》，《越旭》，1925年第5期。

> 法律之解释，乃为有实际目的之学问，法之解释之为科学而非一种技术者，技术系供给达到一定目的之合理的手段，所以它是实际的、局部的、断片的，且从合目的之考量上，可以有种种之变化，然而科学为理论的、全部的、综合的，且不出于真伪二途，非真即伪，非伪即真，而不承认有中间程度之事物存在。法之解释若以之为一种技术者，此不过因循拘墟于从来之成见而已，并没有什么合理的根据。①

法律知识对于法律解释如此重要，所以法官作为法律的直接适用者，“为圆满完成其本身职务起见，在未入法庭实地审判之前，对于法律解释之学，应有适当之研究”②。民国时期学者们所编或著的法学教材（多为《法学通论》）③ 大多有对法律解释的介绍。如一般根据法律解释有无强制力将法律解释分为有权解释与无权解释。有权解释又称公式解释、公之解释，无权解释即私之解释、学理解释。有权解释又分为立法解释、司法解释与行政解释；学理解释分为文理解释与论理解释两种。各种解释之下又按形式或方法进行分类，论理解释又分为扩张解释、限缩解释、补正解释、当然解释、沿革解释，等等。

第三节　法律解释的主体与对象

回溯民国的法律制度，不难发现，法律解释（仅指有权解释）在

① 朱显桢：《法律解释论》，《社会科学论丛》第2卷第8、9号合刊。

② 张季行：《私法解释方法论》，北京傅信书局，1938年版，第2页。

③ 可参见冈川朝太郎：《法学通论》，汪庚年：《京师法律学堂讲义》，《法学汇编》（第一册），京师法学编辑社，1911年版；胡挹琪：《法学通论》，长沙政法学社，1913年再版；夏勤、郁嶷：《法学通论》，朝阳大学出版部，1919年版；白鹏飞：《法学通论》，民智书局，1928年版；朱采真：《法学通论》，世界书局，1929年版；毛家骐：《法学通论》，中央陆军军官学校政治训练处，民国二十年（1931年）版；丘汉平：《法学通论》，商务印书馆，1933年版；胡庆育：《法学通论》，上海太平洋书店，1933年版；楼桐荪：《法学通论》，正中书局，1930年版等。

法律实践中发挥着重要的作用。“既存之法律，一经有权者解释，其义遂定，不能更为他之解释，即所解释之意义，视为法律之真正意义，有一定效力，违反之者，须受制裁”①，所以“有权者”，即法律解释的主体的合法性对于其解释法律的效力有着直接的决定作用。立法机关对于自己制定和发布的法律具有解释权已成现代法治国家的共识，立法院在 1935 年的会议上就法律解释权的归属进行过讨论，特别是针对立法院是否保留法律解释权或将法律解释权全部归于司法院，立法委员有着不同的理解。立委戴修骏等主张照过去办法，立法院应保留解释法律权，也有郗朝俊等主张一切法律解释，均由司法院执行，最终以五十五对十七，主前说者获多数通过。② 但在民国法律实践中，除立法机关之外，司法机关也实际行使着法定解释权，甚至在很大程度上形成了较之立法解释更为有效的司法解释制度，司法机关也成为民国法律解释中最重要的解释主体。

民初法令不备，近代法律制度尚未完全建立，清末初步建立起来的司法制度亦在民国初年继续沿用。作为民初的最高司法机关，继受自清末司法改革中由大理寺改造而成的大理院，其行使法律解释权的依据可追溯至宣统元年（1909）《法院编制法》之“大理院卿有统一解释法令必应处置之权”的规定。民初《法院编制法》亦做出类似的规定：“大理院院长有统一解释法令必应处置之权，但不得指挥审判官所掌理各案件之审判。”从民国元年（1912）十一月，大理院即开始行使法令解释权，至十二月共做出了四号解释法令文件。③ 1913 年 3 月 20 日，司法部第 286 号指令要求各地“对于现行各项法律有疑义不能决定者，应径请高等审判厅详拟解释呈请大理院核示”，从而在实践中承认了大理院解答法律疑义的权力。

---

① 袁家珹：《论法律解释权（续）》，《越旭》，1926 年第 6 期。

② 具体可查阅《立法院讨论法律解释权》，《法令周刊》，1935 年第 243 期。

③ 大理院于民国元年十一月十五日、十二月三日、十二月十二日、十二月二十一日分别发布了大理院覆松江府地方检察长电、大理院覆四川高等审检厅电、大理院覆天津高等审判分厅咨、大理院覆湖南高等审判厅咨等四号解释法令文件。于民国 1 年（1913）补登《政府公报》，后分别编号为“统”字第七二号、七三号、七四号、七五号。载郭卫：《大理院解释例全文》，会文堂新记书局，1930 年版，第 49—51 页。

对于大理院“操统一解释法律之权”[①]，学界大多从尊重历史惯例的角度予以认可，即“大理院原为统一法律之最高机关，而以下各级审判厅，均莫不以大理院为其模范，故以此权属之于大理院，当无意见歧出之虞”[②]。大理院主要通过制定和发布“统”字号解释例解释法令，其解释经认可具有法律效力。《大理院办事章程》第二百零三条规定：“大理院关于法令之解释，除法院编制法第三十五条但书情形外，就同一事类均有拘束之效力”，“解释例者，即司法最高机关对于法令之统一解释”。[③] 然大理院解释法令，以法令无明文规定的事项或关于法令中有疑义者为限，具体问题不在解释范围之内，[④] 而请求法令解释者，原则上应为审判机关或者其他国家及地方公务机关。至于时人或者其他非国家机关，不得擅自请求，即使有所请求，大理院也未必给予答复。大理院由此承担了实际上统一解释法律的职责，并逐渐形成了大理院解释例制度。民国元年至民国十六年十月，大理院共发布“统”字二千零十二号解释例。[⑤] 此后，大理院解释例制度并没有随着北京政府的垮台以及大理院的解散而销匿。南京国民政府成立后，由于法制法令一时之间难以具备，于是沿用北京政府时期的法律制度及规范，解释例制度得以保留，南京国民政府时期，解释法律之权属诸最高司法机关，“在未设司法院以前，系由最高法院解释，及司法院成立，依其组织法规定，应由司法院院长经最高法院院一长及所属各庭庭长会议议决后行使统一解释法令之权”[⑥]。

民国十六年（1927）十一月十七日，南京最高法院成立，作为当时的最高司法机关，行使法律解释权。民国十七年（1928），国民政

① 郭卫：《大理院解释例全文·编辑缘起》，会文堂新记书局，1931年版。

② 沈宝昌：《法院编制法释义》，嘤吖社，1911年版，第66页。

③ 张季行：《私法解释方法论》，傅信书局，1938年版，第147页。

④ 大理院解释例第1749号明示：“关于具体问题，依本院九年第一号布告应不予解答”。

⑤ 郭卫：《大理院解释例全文》，会文堂新记书局，1930年版，共收录自民国二年一月十五日“统”字第一号自民国十六年十月二十二日第二千零十二号共二千零十二号解释例。

⑥ 居正：《十年来的中国司法界》，收入范忠信、尤陈俊、龚先砦：《为什么要重建中国法系：居正法政文选》，中国政法大学出版社，2009年版，第352页。

府设置行政、立法、司法、考试、监察五院，司法院作为国民政府最高司法机关，掌理司法审判、司法行政、官吏惩戒及行政审判之职权。民国十七年（1928）十月二十日，国民政府公布《司法院组织法》，该法第三条规定："司法院院长经最高法院院长及所属各庭庭长会议议决后行使统一解释法令及变更判例之权。"十月，司法院成立，最高法院成为其一部分。但当时学者大都认为，名义上法律解释权已移交于司法院院长，但是实际上仍是通过最高法院来做出法律解释。① 丘汉平在其《法学通论》中言及"吾国现行法制，以南京之最高法院为统一解释法令之最高机关"，但文后注曰："当国民政府设立南京之初，以最高法院为解释机关。其后司法院独立一院，乃改归司法办理，以司法院名义操解释法律之权，惟实权上仍是最高法院主持其事也。"② 据相关学者统计，国民政府时期，最高法院自 1927 年 12 月起至 1929 年做出"解"字二百四十五号解释，③ 后来之司法院自 1929 年 2 月起，至 1941 年 6 月共发布"院"字两千四百号解释。④

从整个民国时期的法律解释实践来看，司法解释占据了法律解释的较大比例，这种情况在当时的学者之间引发了较多的讨论。民国时期大多数学者赞同法律解释权归属于最高司法机关的法律现状。因为"社会之事物淆杂不一，虽甚明者，不能一一洞察之。而以规定于法律明文之中"⑤。而人类社会发展，法律难免滞后，但裁判官不得以法律有不明了或有欠缺为口实，而不受理诉讼或拒绝裁判，这个时候裁判官就需要以法律解释来补充法律罅隙。而且从法

① 杨兆龙：《中国司法制度之现状及问题研究——与外国主要国家相关制度之比较》，收入艾永明、陆锦璧：《杨兆龙法学文集》，法律出版社，2005 年版，第 40 页。

② 丘汉平：《法学通论》，商务印书馆，1933 年版，第 57、64、65 页。

③ 郭卫、周定枚：《最高法院法令解释总集》，法学书局，1934 年版，共收录最高法院"解"字第 1—245 号法令解释。

④ 司法院编译处：《司法院解释汇编（上）》，司法部秘书处，1944 年版，收录了民国十八年（1929 年）二月"院"字第一号至三十年（1941 年）六月第两千四百号法令解释文件。据台湾地区学者廖与人统计，司法院自 1929 年 2 月起，至 1948 年 6 月止，共解释 4097 件；以上数据转引自李相森：《民初大理院法令解释制度研究（1912—1927）》，南京大学 2011 年硕士学位论文。

⑤ 织田万：《法学通论》，刘崇佑译，商务印书馆，1907 年版，第 82 页。

理角度来看：

> 通常解释法律，既认为只从固有之律文，阐发其确当意义，并非于现行法之外，另设一种法规，则法律之解释，大率在其适用之际，原则上令法院享有此种解释权，最为相宜。惟解释之统一，与夫行使解释权者之具有特殊学识经验威望等，成为不可缺乏之条件；故享有此权之法院，又应以最高者为限，而不能遍及于一切之普通法院也。[①]

再者，法律的目的在于妥当适用于各个事件以解决问题和保持法律生活的安定，因此，“法官之职责，不仅适用法律、解释法条，以判断案件而已也。因法律之不备，引用其自由裁量之权而弥补之，殆其尤要者也”[②]，也就是说，对于司法者而言，其责任不仅在于适用法规决狱折讼，还在于通过法律解释等方式发展法律以实现当时社会之衡平观念。

有学者还认同1907年《瑞士民法典》在裁判官与立法关系的立法例：[③]“裁判官于无法律与习惯时应自视为处于立法者之地位，而以立法之观念处理之。”[④] 也就是利用法律解释之手段，补充和修正现存法律。胡汉民也认为，“政治会议给我们的立法原则中有这样的规定：凡民法中无规定者，适用习惯；若既无明文规定，又无习惯可以适用时，得由法官用由法律推演而得之法理解决一切”[⑤]。

在认同司法机关具有法律解释权时，有学者也敏锐地注意到两个

---

① 袁家城：《论法律解释权》，《越旭》1925年第5期。

② 钱清廉：《法官与法律发展之关系》，《法学季刊》1930年第4卷第5期。

③ 1907年《瑞士民法典》第一条第一、第二项规定：“于文字上或解释上，本法已有规定之法律问题，一切适用本法。本法未规定者，裁判官应依习惯法。习惯法亦无规定者，则可依自为立法者时当定之规定而裁判之。”

④ 金兰荪：《裁判官与立法》，《法轨》创刊号，1933年7月第1期。

⑤ 胡汉民：《新民法的新精神》，系胡汉民于民国十八年四月十五日立法院“总理纪念周”的演讲词，原载于《革命理论与革命工作》第二册第二辑，收入吴经熊、华懋生：《法学文选》，中国政法大学出版社，2003年版，第434页。

重要问题：其一是认为司法解释权只能归于最高审判机关。因为由最高审判机关行使法律解释权可以做到对法令理解的整齐划一，提高司法效率，“最高法院是有最高解释权，可以统一解释，使得法律的效力不会因解释的见解不同，失去它整齐平等的重心”①。将法律解释权归于最高的司法审判机关，是为了解释的统一，明确法律的重心和本意所在，避免对法律理解的混乱，进而导致适用上的偏差和错误。其二是明确法律解释的效力不同于法律本身。因为法律解释，尤其是司法解释，虽然在一定程度上补充和修正法律，但其“绝非立法”，“盖释法者之职权，在解释已有之法律，非制定未有之法律，前已言之；果尔，则其所依据之法律，当存在于解释之前，不过藉此以明显耳，乌得认为解释权中含有立法之效力耶?”②

当然，由最高审判机关统一行使法律解释权亦有一些负面影响，曾任大理院院长的王宠惠对大理院解释做出过坦率的批评，他认为“大理院解释法令范围过广”，而“各级审检厅遇有法令疑义，辄请解释，甚或将具体事实，易以甲、乙、丙、丁等代名词，函电商榷，‘不待上诉，先示意见’，既违审判之责任，亦非统一解释之本旨”③。

除了结合中国实际进行法律解释主体的研究，民国学者对法律解释的对象也有初步的讨论。丘汉平认为，解释法律必须“要有问题发生”才可以为前提，否则无从解释，④ 而且这个问题必须是抽象的法律问题，即“请求解释，须以抽象之疑问为限，不得臚列事实。换言之，司法院所解释者，仅系法的问题”，原因在于，“惟法令之疑问，固随时可以发生”，法律疑问发生的频率较高，而“事实问题，自有各法院推事妥为判断，径行确定”。⑤ 也就是说，法律解释，在于阐明既存法律之内容，以既存法律为其解释对象，案件的事实问题不应

---

① 朱采真：《法学通论》，世界书局，1929 年版，第 124 页。

② 袁家城：《论法律解释权（续）》，《越旭》，1926 年第 6 期。

③ 王宠惠：《改良司法意见》，《东方杂志》，1920 年第 17 卷第 20 期。

④ 丘汉平：《中国之制宪与行宪》，《法学杂志》第 11 卷第 3 期。

⑤ 张季行：《私法解释方法论》，傅信书局，1938 年版，第 148 页。

当作为法律解释的对象。

但何谓“抽象”的法律问题，或者哪些问题是“法的问题”的范围，不同学者则有不同的理解，如朱显桢从法的表现形式出发，认为在现代一般的国家里，能够作为法律解释的客体的法律，不外乎成文法与习惯法二者。

> 习惯法之解释，虽非全然无研究之必要，不过今日之法律，其大部分皆属成文法，习惯法之存在，实属例外，所以关于习惯法解释论，不甚感觉何等之必要。习惯法与成文法，其表现之形态完全不同，前者以法文，后者以惯行的行为。表现之形态虽有如斯之差异，但法之效力（优先的效力姑置不论）及其取得效力之根源，两者则完全相同，所以关于解释之目的及其方法之根本的议论，两者之间，亦自无相异之理，惟成文法与习惯法表现之形体不同，关于此点，因此在解释之方法上不免发生多少之差异。[①]

张季行也认可对习惯法的解释，但他更强调成文法解释的重要性，因为“当法官从事习惯法之解释时，只须证明习惯法之存在，若习惯法之存在已有证明，内容已经明了，法官可直接按照所证明之习惯法加以裁断，不必顾虑其内容是否符合当时之公众信念”，而“成文法之解释，有时则反显困难”，其原因多在于“在某种场合须采取广义解释，而在另一场合又须采取狭义解释，立法者之意思往往与条文所载者未必尽合。法官除从事表面上之文字解释外，更应随时探讨立法意志之所在，求得条文之真正精神。此项工作自非对司法解释下有相当研究功夫者，恐不易胜任”[②]，二者相比较，成文法解释难度更大，平常适用范围更广，因此在研究法律解释时多以研究既存成文法解释为主。

---

① 朱显桢：《法律解释论》，《社会科学论丛》第 2 卷第 8、9 号合刊。

② 张季行：《私法解释方法论》，傅信书局，1938 年版，第 51 页。

钱清廉则将成文法的概念细化，他认为成文法规范有刚性法规范和柔性法规范之分，所以并不是所有的既存成文法都可以成为法律解释的对象：

> 刚性法规者，法律对于某事项为详密、纤悉之规定，无复伸缩之余地。柔性法规者，仅悬抽象之标的，其解释得随情形之不同而转移，司法者因得就案论案，而求其实际上之衡乎。立刚性法规者，求法律之稳定也。定柔性法规者，畀法官以自由裁量之权，而为其留发展法律之地步也。①

既然法律解释以柔性法规范为对象，要兼顾立法与解释的协调，这就给立法者提出了挑战，“法官发展法律既为不可或免之事实，故（立法者）编纂法典、订立法制，对于刚性与柔性之法规应有适当之调剂”②，这一看法至今看来仍可称精当。

第四节　法律解释的标准与方法

法律解释的根本用途在于司法实践，在于应对社会现实，所以大多数学者认为法律解释必须要从社会现实的需要出发，以现实需要决定法律解释的基本取向。如王世杰认为，民国新法制尚未建立，如尚无新民律，则“现行民律（清律）至少是千年以前的陈物”，“……吾国法院，于解释法律的时候，必须充分的注意社会现时的需要”。③换言之，“解释之方针，在今日状势之下，则宜置重于实际方面为妥。”④

江镇三则以法律演进的基本特征为依据，认为从前法律的解释以习惯为中心，注重解释的弹性，成文法实施后，以形式逻辑为中心，

---

① 钱清廉：《法官与法律发展之关系》，原《法学季刊》，1930年第4卷第6期。

② 钱清廉：《法官与法律发展之关系》，《法学季刊》，1930年第4卷第6期。

③ 王世杰：《大理院与习惯法》，《法律评论》，1926年第4卷第12期。

④ 袁家城：《论法律解释权（续）》，《越旭》，1926年第6期。

侧重文句推敲，而当代法律解释应以社会正义为依据，贯彻中庸持平的思想：

从前法律之观念，系以习惯法为解释之准绳。夫既重视习惯，故其解释常依时与地之必要，而留伸缩之余地者。自成文法典施行以后，习惯即不复可为通融之张本，关于法律之解释，惟拘泥于成文字句之间，应用三段论法之形式理论，而推求法之观念。此种思想，于法律界中，一时颇极盛行，尤以德国民法法典施行后，最称显著。夫法律之解释，仅斤斤于字里行间，推寻结论，则其裁判之结果，势必至与实际之社会生活，多所乖迕，故当时裁判官常受缺乏常识之诮。迨至九百十一二年，所谓自由法运动，乃勃然乘时兴矣！按自由法论，若纠其详，固非简言所能尽也。惟综其要旨，要不外主张必真实之精神，与社会正义，为解释法律之根据，以免旧时拘牵陈典之流弊耳。然则，所谓社会正义，将依何种标准而定乎？……社会正义之观念，当首在避免极端之见解，而本诸仁爱之道，以得中庸之则而已也。……现代社会正义之观念，要不外中庸持平四字。①

朱显桢从法律解释的标的出发，强调法律解释必须要以三要件为标准：

第一，法律之解释，不可不以既成之法律为出发点……第二，法律之解释，不可不妥当的处理现在之法律关系……第三，法律之解释，不可不与将来以适当之保障。②

张季行则提出了法律解释之成文法解释的动向原则，亦即支配原则。“关于成文法之解释，在观点及时间上竟应秉持何种原则，

① 江镇三：《法律与正义》，《法轨》创刊号，1933年7月第1期。

② 朱显桢：《法律解释论》，《社会科学论丛》，1930年第2卷，第8、9号合刊。

法官要不能不有彻底之研究。动向原则犹诸竞走时之出发点，起点走错，则所趋之方向亦必不同。”具体而言，就是要持这样的观点：“成文法显然属于一种意志行为，其性质与法律行为相仿。但系代表国家，故形式上较为庄严。法官解释成文法时，决不能轶出立法意志之范围，而另辟途径，独创新见。若立法意思不能发现或不易确定，此时则应抛弃成文法之解释，而设法在习惯法上或法理上寻求办法”，而法律解释的时间原则上应根据立法时之时间，但有时亦可发现例外，如“当条文本身所表现之意义，极尽模棱两可，须持法官按照当时情形以决定者。或明文规定由法官斟酌实施时之情形者，此时法官当然可不必再拘守原则。……法官在此场合，根据实施时之社会环境，抽出其个人所认为善良风俗并公共秩序之观念，不得谓为非法”①。

法律解释之当否，自然对于所用之解释方法，亦有重大之关系。② 然民国初期的法学著述并未严格区分法律解释的种类与法律解释方法，或者说法律解释方法更多是作为划分法律解释种类的标准。随后，一些学者开始关注法律解释的具体方法，并做了专门研究，如张季行按照成文法之解释要素将成文法解释分为根据条文用语之解释和根据条文用语以外要素之解释两种，这种划分显然已经开始转向对法律解释方法而非法律解释种类的论述。他认为，所谓条文用语者，即“成文法条文中所用之文辞。条文用语之性质，与普通公文函件略有不同，重简括，重明晰，故法律起草非专家不易着手。法律起草后，按照先进立法惯例，每条条文概须经大会三读通过之程序，文字方面一再修正，措辞方面亦一再斟酌。故条文用语虽不能言其能完全代表立法意志，然可以作为法官从事解释时之最主要根据”。根据条文用语之解释，又有文字解释、论理解释之解释方法。根据条文用语以外要素之解释，就是参考立法目的，历史要素与学说数种因素解释法律。法官根据外来要素，佐以伦理之演绎，以从事成文法之解释，

① 张季行：《私法解释方法论》，北京傅信书局，1938年版，第51—57页。

② 朱显桢：《法律解释论》，《社会科学论丛》第2卷第8、9号合刊。

有时易将条文原意变更。故此项解释，依其所得之结果，可分为数种：广义解释、狭义解释、补正解释等。①

朱采真认为，在所有的法律解释方法中，文理解释无疑最为基础，原因在于：

> 文字乃意义之代表，苟于文字所表彰之意义毫不注意，而转于文字以外探索之，则将愈离愈远矣。法律文字是传达立法旨意的符号，解释法律的时候，首先要明白文字上的意义，这种通过探求法律文字意义以求法律真义的方法，即为文理解释，这是法律解释所要采取的首要方法。②

他提醒，在使用这种方法时需注意以下两点："第一，对于法律的用语，应该用通常的意义去解释，不必追求这种用语的特殊意义；第二，要根据着文字的规则，还要顾到立法当时关于这种文字规则的通例。"③

对于文理解释与论理解释的关系，朱采真认为，"文理解释不得作为独立的解释方法，不得谓完全的解释"，"其法规在文字解释上虽甚明了，但却不能以其意义为法律之意义，文理解释必须要结合论理解释"。

> 论理解释是要在立法时地上解释它的意义……就是要把注意的焦点溯及于立法当时的国家政策怎样，社会情形怎样，经济状况怎样，政治环境怎样，制定法律之目的怎样；凡是法律草案的理由书，国会中讨论是项法律的议事录，都可以作为论理解释的参考材料。④

---

① 张季行：《私法解释方法论》，北京傅信书局，1938 年版，第 58—68 页。

② 朱采真：《法律学 ABC》，ABC 丛书社，1929 年版，第 41 页。

③ 朱采真：《法律学 ABC》，ABC 丛书社，1929 年版，第 42 页。

④ 朱采真：《现代法学通论》，世界书局，1931 年版，第 83 页。

根据论理解释时所参考的资料，他又划分出为若干种方法，如重视法律之沿革的沿革解释（历史解释），重视法律之目的的目的解释等。论理解释，从法律的体系为出发点，考虑的是整个法律整体，从扩大或缩小法律的适用范围的角度，论理解释又可以分为限制解释和扩张解释。

法律解释还有一种比较特殊的解释方法：类推解释，即传统所称“比附援引”。“比附援引者，如有一定事件为法令所未规定，而准用相似之规定于其事件之谓也”，① 即法律对于某事项虽没有明文直接规定，但对于其他类似事项已有规定时，可择取其中最为相近的情形以为解释，但这种解释方法因与“法无明文规定不为罪”的刑法原则相抵触，在刑事法规上不宜轻易采用，但关于民事问题大都认为可以采用。②

法律解释以法律适用与现实为目的，可能会面临许多情况，所以在解释法律的时候，需要各种法律解释方法的相互配合，以求法律解释尽可能准确，法律尽可能精密。有学者指出文理解释与论理解释实非各为独立之解释方法，而应相合为一，朱显桢阐释二者关系时说道：

> 文理解释与论理解释须同时并用，不能以为文字解释不能纠明其内容时，始用论理解释。即使依文理解释已属明了，亦不能不论论理解释，从内容的理由以观察其当否。二者结合使用，其结果一致时方为完全解释，若二者相互矛盾之时，在原则上，须以已从论理解释为当。③

欧阳谿更进一步阐释法律解释方法的适用应当有一定的准则：

---

① 冈川朝太郎：《法学通论》，汪庚年：《京师法律学堂讲义》，《法学汇编》（第一册），京师法学编辑社，1911 年版，第 58 页。

② 楼桐荪：《法学通论》，正中书局，1930 年版，第 185 页。

③ 朱显桢：《法律解释论》，《社会科学论丛》第 2 卷第 8、9 号合刊。

惟各种解释之适用，须有先后缓急之次序，即所谓法律解释之准则也。兹举其要者说明之。第一，法律解释之顺序，先文理解释，后论理解释。第二，论理解释之结果，与文理解释之结果相冲突时，宜从论理解释。第三，法律之文字，当从其制定时代之用例而解释之。第四，解释法律，宜着眼法律相关联之全文。第五，法律之文字，应于通常之意义解释之。第六，凡变更解释，当从严正着眼，不可敷衍出之。第七，凡加惩罚或负义务与负责任之法律，宜从严正解释。[①]

第五节　总结

“中国古代律学不是法学，而且注定不能够成为一门科学”[②]，是因为中国古代的律学虽专注于注释律文，却偏重于以经释律，或着重于对作为“治理”方式的司法方法的探寻，而并未形成一套专门的完整的司法适用的方法系统。西学东渐之后，随着西方法律制度的引入，尤需要建立起专门的包括法律解释在内的法律方法研究。曾有学者认为，清末民初，西学东渐，法学与其他科学如工程学相继发轫，起点相若。百年来，工程学等学科进步一日千里，而法学则犹如邯郸学步，笼罩在概念阴影之下，令人感慨。究其原因，“最主要者，厥系法者多不知法学方法为何所致”[③]。

民国时期尚缺乏对法律解释和法律方法进行深入研究的学术环境与法律背景，但围绕着法律方法中的具体问题，特别是法律解释的问题，许多学人已经意识到对其进行研究的必要性和重要性，并给予了大量的关注和研究，取得了一些有益的成果。更为难得的是，他们能够从当时的社会现实出发，结合中国的法律实践，探讨法律解释的理

① 欧阳谿：《法学通论》，陈颐校，中国方正出版社，2004 年版，第 117－119 页。

② 梁治平：《寻求自然秩序中的和谐——中国传统法律文化研究》，中国政法大学出版社，1997 年版，第 319 页。

③ 杨仁寿：《法学方法论》，中国政法大学出版社，1999 年版，序言第 1 页。

论与现实问题。遗憾的是，民国时期的学者们虽已对法律解释展开研究，但多限于局部的研究，多是为了回应社会现实问题，因而未能建立起完整和系统的法律解释及法律方法论体系。